J. P. Kirsch

Die Acclamationen und Gebete der altchristlichen Grabschriften

J. P. Kirsch

Die Acclamationen und Gebete der altchristlichen Grabschriften

ISBN/EAN: 9783743490871

Hergestellt in Europa, USA, Kanada, Australien, Japan

Cover: Foto ©Lupo / pixelio.de

Manufactured and distributed by brebook publishing software
(www.brebook.com)

J. P. Kirsch

Die Acclamationen und Gebete der altchristlichen Grabschriften

Die Acclamationen

und

Gebete der altchristlichen Grabschriften.

Die Acclamationen

und

Gebete der altchristlichen Grabschriften.

Von

Dr. J. P. Kirsch,

Professor der Universität zu Freiburg (Schweiz).

Köln, 1897.

Commissions-Verlag und Druck von J. P. Bachem.

19197

Dem Andenken

meines hochverehrten Lehrers

Dr Johannes Peters

Domcapitular

Professor und Subregens am Priester-Seminar zu Luxemburg

(gest. 21. September 1897)

gewidmet.

Vorwort.

Den Gegenstand der vorliegenden Abhandlung bilden die Acclamationen, d. h. die Zurufe und Segenswünsche für das Wohl der abgeschiedenen Seelen, ferner die an Gott und die Heiligen gerichteten Fürbitten für dieselben, sowie die diesen entsprechenden Anrufungen der Verstorbenen um ihre Intercession bei Gott, welche wir auf den christlichen Grabschriften der ersten Jahrhunderte lesen. Nachdem der Archäologe Dionigi die Acclamationen in einer dem damaligen Stande der christlichen Archäologie entsprechenden Weise gegen Ende des vorigen Jahrhunderts monographisch behandelt hatte [1]), wurden besonders von G. B. de Rossi in der Roma sotterranea und im Bullettino di archeologia cristiana zahlreiche neue Texte veröffentlicht und in trefflicher Weise erläutert. Auch Le Blant hat in seinen Inscriptions chrétiennes de la Gaule in mehrern Dissertationen einzelne Zurufe und Gebetsformeln in ausführlicher Darstellung erörtert. Das in diesen großen Sammelwerken sowie in andern Publicationen beigebrachte Material wurde sowohl in archäologischen Werken, z. B. von Martigny [2]), Kraus [3]), Northcote [4]) u. a., als auch von Dogmenhistorikern, so besonders von Probst [5]) und Atzberger [6]) verwerthet. Und neuestens hat C. M. Kaufmann in sehr dankenswerther Weise unternommen, die epigraphischen und figurativen Monumente des Alterthums für die Untersuchung der eschatologischen Vorstellungen der ersten Christen zu verwerthen [7]). Die Acclamationen nehmen bei diesen Untersuchungen unter den monumentalen Zeugnissen eine besonders wichtige Stellung ein.

[1]) Dionigi, Dei blandimenti funebri ossia delle acclamazioni sepolcrali cristiane. Padova 1799.

[2]) Dictionnaire des antiquités chrétiennes, art. „acclamations", 3. A. Paris 1889. p. 10 ss.

[3]) Realencyklopädie der christlichen Alterthümer, Art. „Acclamationen", I, S 14 ff.

[4]) Epitaphs of the Catacombs or christian inscriptions in Rome. London 1878, p. 73 ss.

[5]) Lehre und Gebet in den drei ersten christlichen Jahrhunderten. Tübingen 1871. S. 334 ff.

[6]) Geschichte der christlichen Eschatologie innerhalb der vornicänischen Zeit. Freiburg i. B. 1896. S. 619 ff.

[7]) Die Entwickelung und Bedeutung der Paxformel nach den Sepulcralinschriften. Im Katholik, 1896, II, S. 385—97. — Die altchristliche Vorstellung vom himmlischen Paradiese nach den Denkmälern. Katholik 1897, II, S. 1—20.

Zweck dieser Schrift ist nun, eine Gesammtdarstellung der verschiedenen Arten der Acclamationen und Gebetsformeln der altchristlichen Epitaphien zu geben, den eigentlichen Charakter der betreffenden Texte zu untersuchen und diese auf ihren dogmengeschichtlichen Werth hin zu prüfen, sowie ihr Verhältniß zu den ältesten liturgischen Gebeten für die Verstorbenen klarzustellen. Ich berücksichtige dabei nur die wirklichen Acclamationen und Fürbitten, solche Textestheile der Epitaphien, in welchen den Verstorbenen Gutes gewünscht und solches für sie erfleht wird. Andere Theile, in welchen in positiver Weise, wenn auch mit ähnlichen Ausdrücken, das jenseitige Leben der hingeschiedenen Gläubigen geschildert wird, ließ ich außer Acht, um den einheitlichen Charakter der Darstellung nicht zu stören. In zeitlicher Beziehung wurden hauptsächlich die epigraphischen Monumente der vorconstantinischen Zeit in Betracht gezogen, weil die Acclamationen wesentlich der ältern Epoche der Epigraphik angehören. Nur gelegentlich und um den Unterschied in der Ausdrucksweise zwischen dem ältern und dem jüngern epigraphischen Stile des Alterthums hervorzuheben, wurden Monumente aus dem Ende des IV. Jahrhunderts und aus der Folgezeit berücksichtigt.

Möge die Schrift dazu beitragen, in weitern Kreisen das Interesse für die so wichtigen und unmittelbaren Zeugen des christlichen Denkens und Fühlens unserer Väter im Glauben zu wecken, welche in den Inschriften der ersten Jahrhunderte auf uns gekommen sind.

I. Die Acclamationen der heidnischen und der christlichen Grabschriften des Alterthums.

Der Gebrauch, in die Grabschriften Zurufe einzuschalten, welche Begrüßungen, Wünsche, Aufforderungen des Denkmalstifters an den Todten enthielten, war bei den Griechen und Römern im Alterthum sehr verbreitet. In diesen Acclamationen spiegeln sich naturgemäß die Anschauungen jener Völker über das Leben der menschlichen Seele nach dem Tode wieder. Allein gerade die Epitaphien zeigen, wie wenig sicher der Glaube an ein Jenseits vielfach war, wie schwankend die Vorstellungen waren, welche wir über das Dasein nach dem Tode in den verschiedenen Zeiten der Geschichte jener beiden antiken Culturvölker finden. Nicht minder offenbart sich diese drückende und betrübende Unsicherheit in den litterarischen Denkmälern des Alterthums. Neben den Philosophen und Dichtern, welche den Jenseitsglauben vertraten und denselben durch ihre Schriften gewiß auch stützten, gab es nicht wenige, welche ein Leben der Seele nach dem Tode leugneten oder dasselbe als ganz zweifelhaft hinstellten. Wenn sich trotzdem in weitern Kreisen der Unsterblichkeitsglaube hielt, wie besonders die große Verbreitung der heidnischen Mysterien beweist, so war doch der Ausblick in das Jenseits selten ein hoffnungsfroher. Die Unterwelt der alten griechischen Mythologie, die Untersuchungen der Philosophen über die Seele und ihr Leben, die Heilsverheißungen, welche den in die Mysterien Eingeweihten zu Theil wurden, vermochten nicht, bei der Mehrzahl der Menschen auf die Dauer eine feste Hoffnung für das Jenseits zu begründen [1].

---

[1] Vgl. C. M. Kaufmann, Die Jenseitshoffnungen der Griechen und Römer nach den Sepulcral-Inschriften. Freiburg i. B., Herder, 1897. — Ueber den Unsterblichkeitsglauben bei den antiken Völkern siehe die hier S. V citirten Schriften von Rohde, Dieterich und Maas.

Diese Schwankungen finden einen beredten Ausdruck in den Accla=
mationen der heidnischen Epitaphien.

Χαῖρε, Ave, Vale — Sei gegrüßt, Lebe wohl — drücken im allgemeinen
das Gefühl der Trennung aus und bekunden irgend ein noch bestehendes
Wechselverhältniß zwischen den Lebenden und den Verstorbenen. Sit
tibi terra levis (abgekürzt: S. T. T. L.). — Möge die Erde dir leicht sein —
war ein auf uralten Anschauungen fußender Zuruf, der sich immer in
dem epigraphischen Formular erhielt. Indifferent ist der Wunsch:
Ossa tua bene quiescant — Mögen deine Gebeine wohl ruhen, — während
Ausdrücke wie, Hic tumulatus bene quiescat — Der hier Begrabene ruhe
wohl, — Di tibi benefaciant — Die Götter mögen dir Gutes thun —
auf dem Unsterblichkeitsglauben beruhen.

Einer der seltenen hoffnungsfrohen Zurufe findet sich auf einer
griechischen Inschrift in Versen, deren Inhalt von dem Mysterienglauben
beeinflußt ist: Ὄλβιε καὶ μακάριστε, θεὸς δ᾽ἔσῃ ἀντὶ βροτοῖο — Glück=
licher und Seligster, Gott wirst du sein, statt sterblich [1]).

Auf einigen Epitaphien werden auch kurze Gebete an die Gott=
heiten, besonders die der Unterwelt, gerichtet, damit sie dem Verstor=
benen gnädig seien. So heißt es auf einer römischen Inschrift: Elysios
precor ut possis invadere campos — Ich flehe, daß du in die Elysischen
Gefilde eingehen könnest [2]). — Ferner: Peto vos (ma)nes sanctissimae.
commendat(um) habeatis meum ca(ru)m et vellitis huic indulgen-
tissimi esse etc. — Ich bitte euch, heiligste Manen, lasset euch meinen
Theuren anempfohlen sein, und wollet euch ihm sehr gnädig erweisen [3]). —
Oder auch die Manen der früher Verstorbenen werden ersucht, die zu
ihnen kommende Seele gut aufzunehmen: Accipite hanc animam nu-
meroque augete sacrato — Nehmet diese Seele auf und vermehret die
heilige Zahl [4]). — Ganz eigenthümlich klingt der Ruf, welcher dem
Todten auf einer andern Grabschrift in den Mund gelegt wird: Rogo
vos, superi, ne me contumelietis — Ich bitte euch, höchste Götter, daß
ihr mir nicht Schmach zufügen möget [5]).

Allein viel zahlreicher als diese Formeln finden sich solche, in
welchen entweder das Leben nach dem Tode gänzlich geleugnet wird,
oder der Zustand der Seele als ein überaus beklagenswerther erscheint.
Die Unterwelt ist ein Ort des Vergessens, der Finsterniß, des Grauens,
in welchen kein Lichtstrahl der Freude und des Genusses fällt. Diese
Anschauungen finden ihren Ausdruck besonders in jenen Acclamationen,
welche den Hingeschiedenen selbst auf deren Epitaphien in den Mund

---

[1]) Kaibel, Inscriptiones graecae, n. 641. — [2]) Corp. inscr. lat. VI,
n. 23 295. — [3]) Ibid. n. 18 817. — [4]) Ibid. X, n. 5920. — [5]) Ibid. X, n. 3030.

gelegt werden. Nicht selten wird in kurzen Ausdrücken die gänzliche
Auflösung in das Nichts verkündet. Nil mali est, ubi nil est — Nichts
Böses ist, wo nichts ist, — sucht ein Verstorbener aus Aquileja die
Vorübergehenden zu trösten [1]).

Andere wünschen den Lesern des Epitaphs, daß es ihnen im ir=
dischen Leben wohl ergehen möge; es klingt dabei die stumpfe Resig=
nation durch, daß für das jenseitige Dasein nichts zu erhoffen ist, falls
es überhaupt ein solches gibt. Valebis hospes. opto ut seis felicior
— Du wirst wohl leben, Fremder, ich wünsche, du mögest glücklicher sein;
bene vive; aequo animo vive; bene sit tibi — Lebe gut; lebe gleich=
müthig; möge es dir gut sein [2]) — rufen sie den Vorübergehenden zu.
Der einzige Trost, den sie bieten können, ist der, daß alle Menschen
nun einmal sterben müssen: Heus tu, viator lasse, qu(i) me praereis,
cum die ambulareis, tamen hoc veniendum est tibi — Ach, du müder
Wanderer, der du an mir vorübergehst, du wandelst im Tageslicht, aber
doch mußt du hierher kommen [3]).

Noch schroffer ruft ein anderer Todter in seiner Grabschrift dem
Vorübergehenden zu: Tu, quamquam negas, tamen venies — Du, ob=
gleich du es in Abrede stellst, wirst doch kommen [4]).

Dabei sehen wir ab von solchen Acclamationen, in welchen die
Leser aufgefordert werden, nur dem wüsten Sinnengenusse zu leben,
da doch alles andere nicht existire oder doch völlig unsicher sei [5]).

Vergleichen wir mit den Vorstellungen, welche uns in diesen Zu=
rufen entgegentreten, die Acclamationen der christlichen Grabschriften,
so zeigt sich sofort der gewaltige Umschwung, welchen die Lehre Christi
von dem ewigen Leben hervorgebracht hat. An die Stelle des trostlosen
Skepticismus, der gänzlichen Unsicherheit und der düstern Anschauungen
von dem jenseitigen Leben, welche die heidnischen Epitaphien bieten, tritt
die feste und freudige Zuversicht auf die ewige Seligkeit, gegründet auf
das Versprechen des Herrn und auf die Thatsache seiner eigenen glor=
reichen Auferstehung. Ausdrücke, welche irgend welche Unsicherheit in
Bezug auf das Fortleben der Seele nach dem Tode enthielten, fehlen
vollständig. Ebensowenig finden wir solche Zurufe, die irgend einen
Zweifel über den Zustand der Glückseligkeit des in dem Bekenntnisse

---

[1]) Corp. inscr. lat. V, n. 8974. — [2]) Ibid. V, n. 6808; IX, n. 2128; III,
n. 6416; X, n. 6616. — [3]) Ibid. I, n. 1431. — [4]) Ibid. IX, n. 5337.

[5]) Wir müssen uns für unsern Zweck mit diesen kurzen Hinweisen begnügen. Am
vollständigsten zusammengestellt finden sich die heidnischen Acclamationen bei Ruggiero,
dizionario epigrafico, I, 73—76, und in den Indices (s. v. „acclamationes") des
Corpus inscriptionum latinarum und der verschiedenen neuern Sammlungen
griechischer Inschriften.

des christlichen Glaubens Verstorbenen ausdrückten. Die rein natür=
lichen Affecte und Gedanken sind darum nicht verschwunden; der Schmerz
der Trennung, die Liebe zu den Hingeschiedenen, das harte Urtheil des
Todes, dem kein Mensch entgehen kann, die Klage über das frühe Hin=
scheiden eines in der Kraft der Jugend oder des Mannesalters Ver=
storbenen und ähnliche allgemein menschliche Empfindungen finden auch
in den Acclamationen christlicher Grabschriften häufig beredten Aus=
druck. Das „Vale", welches den Verstorbenen zugerufen wird, lesen
wir auch auf christlichen Epitaphien; allein in welchem Sinne es die
Christen gebrauchten, zeigt folgende Grabschrift aus der Katakombe des
Calixtus, welche jetzt in einer Kirche in Anagni aufbewahrt wird:

Fl(avius) Crispinus Aureliae Anianeti ben(e) m(erenti) coiuge
(coniugi) qu(a)e vixit an(nos) XXVIII, quem (quam) coiuge (con-
iugem) habui an(nos) IX, caritate sine ul(l)a anime (animi) mei le-
sione; vale michi cara im (in) pace cum spirita xanta (cum spiri-
tibus sanctis) vale in Christo[1]). — Flavius Crispinus der Aurelia
Aniane, seiner wohlverdienten Gattin, welche 28 Jahre lebte; ich hatte
sie als Gattin 9 Jahre; sie war voll Liebe, ohne jemals meine Seele
zu verletzen; lebe wohl, meine Theure, im Frieden mit den heiligen
Seelen, lebe wohl in Christus.

Das „Lebewohl" in der Anschauung der Christen war nicht trost=
los, da sie die feste Hoffnung hatten, daß der Verstorbene mit den
Seligen in Christus das ewige Leben besitze. Wie ganz verschieden ist
diese Auffassung des Abschiedes von den Verstorbenen von derjenigen,
welche uns die heidnischen Grabschriften zeigen.

Nicht minder charakteristisch ist in dieser Beziehung folgendes Epi=
taph aus Capua:

Corpus sanctis com(me)ndavi; irene (pax) tibi cum sanctis;
Quinta, vale in pace[2]). — Den Leib habe ich den Heiligen (neben
deren Grabstätte die Verstorbene ruhte) empfohlen; Friede sei dir mit
den Heiligen; Quinta, lebe wohl im Frieden.

Eine der oben angeführten Acclamationen, nämlich: Ossa tua bene
requiescant, findet sich auf einer christlichen Inschrift; allein darunter
erblicken wir das Bild einer Taube mit einem Zweige im Schnabel,
das bekannte Symbol des Friedens in der altchristlichen Kunst, das
gleichsam an Stelle der Worte in pace (in Frieden) hinzugefügt ist.
Auch der Acclamation Bene quiescat (Er möge wohl ruhen) begegnen
wir auf christlichen Epitaphien; aber der Zusatz in Deo (in Gott) zeigt,

---

[1]) De Rossi, Roma sotterranea, III, S. 132.
[2]) Corp. inscr. lat. X, 4529.

wie die Christen denselben in ganz anderm Sinne gebrauchten, als ihre
heidnischen Mitbürger.

Rührend in seiner Einfachheit ist das folgende Epitaph aus einem
unterirdischen Cömeterium der Via Salaria, jetzt im epigraphischen Mu=
seum des Lateran (Klasse VIII, n. 19)[1]):
Anatolius filio benemerenti fecit; qui vixit annis VII, mensis
(mensibus) VII, diebus XX. Ispiritus (spiritus) tuus bene requiescat
in Deo; petas pro sorore tua. — Anatolius bereitete seinem wohl=
verdienten Sohne dies Grab; er lebte 7 Jahre 7 Monate 20 Tage.
Deine Seele möge wohl ruhen in Gott; bete für deine Schwester.

Einen auf heidnischen Epitaphien vorkommenden Zuruf des Ver=
storbenen an die Ueberlebenden: ʿΟ βίος ταῦτα — das ist das Leben —
bietet gleichfalls eine im Lateran=Museum (Klasse XIV, n. 8) aufbewahrte
Grabschrift aus einer römischen Katakombe. Daß dies jedoch nicht eine
im Sinne trostloser Resignation gemeinte Aeußerung ist, zeigen die
interessanten symbolischen Darstellungen, welche sich unter dem Texte
befinden. Wir erblicken dort einen Löwen und das Meerungeheuer,
welches Jonas verschlingt: beides Sinnbilder des Todes und seiner
Schrecken; dazwischen steht der gute Hirt, welcher das Lamm auf den
Schultern trägt, und darunter der Anker, jener ein Bild der Aufnahme
der Seele in die himmlischen Gefilde, dieser das bekannte Symbol der
Hoffnung, das so häufig auf den ältesten christlichen Denkmälern
wiederkehrt.

Auch dem Zuruf Οὐδεὶς ἀθάνατος, nemo immortalis — Niemand ist
unsterblich — begegnen wir besonders häufig auf kleinasiatischen christlichen
Epitaphien. Doch zeigt der Context nie, daß derselbe der Anschauung
Ausdruck verleihe, als ob es nach dem irdischen Leben nichts anderes
gebe, und daß man sich in das Unvermeidliche fügen müsse ohne Hoff=
nung auf ein besseres Leben.

Wenn wir auf christlichen Grabschriften auch Stellen vorfinden, in
welchen die Ueberlebenden der Größe ihres Schmerzes Ausdruck ver=
liehen, so darf das nicht befremden. Allein Acclamationen, in welchen
wir, wie auf heidnischen Epitaphien, Vorwürfe gegen das Geschick,
Drohungen gegen die Gottheiten der Unterwelt oder auch nur diesen
ähnliche Empfindungen lesen, finden sich in der christlichen Epigraphik
nicht vor. Wohl aber lesen wir den Ausdruck der Ergebenheit in den

---

[1]) Es sei hier ein für alle Mal bemerkt, daß die Inschriften des Lateran=Museums
in phototypischen Tafeln mit einleitendem Texte herausgegeben wurden von de Rossi
im Triplice omaggio alla Sant. di P. Pio IX nel suo giubileo episcopale,
Roma 1877.

göttlichen Willen, wie z. B. in den Formeln folgender Epitaphien aus Ostia:

Loc(us) Aphrodisiaes (Aphrodisiae) cum Deus permiserit[1]). — Grab der Aphrodisia, wann Gott es zulassen wird.

Caelius hic dormit et Decria quando Deus (v)oluerit[2]). — Caelius schläft hier und Decria, wann Gott wollen wird.

Diese Christen hatten sich bei Lebzeiten ihr Grab bereiten lassen. Bisweilen trösten sich die Angehörigen selbst im Texte der Grabschrift mit dem Gedanken, daß der Verstorbene der ewigen Seligkeit theilhaftig geworden ist. Die folgende Grabschrift, in welcher die Angehörigen einen verstorbenen Knaben Namens Magus anreden und am Schlusse in Acclamationen sich Trost zurufen, verdient wohl, hier vollständig mitgetheilt zu werden; sie gehört sicher noch der vorconstantinischen Epoche an.

Magus, puer innocens, esse iam inter innocentes coepisti; quam staviles (stabilis) tibi haec vita est! Quam te l(a)etum excipet (excepit) mater ec(c)lesia de (h)oc mundo revertentem! Conprematur pectorum gemitus! Struatur fletus oculorum![3]) — Magus, du un= schuldiger Knabe, hast schon unter den Unschuldigen zu leben begonnen. Wie unerschütterlich ist für dich dieses Leben! Wie hat dich, den freude= vollen, die Mutter Kirche aufgenommen, da du aus dieser Welt zurück= kehrtest! Unterdrücken wir die Seufzer unserer Herzen, thun wir Ein= halt den Thränen unserer Augen.

Gewiß hatten diejenigen, welche diesen so spontanen Ausdruck ihrer Empfindungen als Grabschrift niederschrieben, volles Recht, ihrem Schmerze Einhalt zu gebieten, da sie der festen Zuversicht waren, ihr unschuldiges Kind sei unter die Unschuldigen aufgenommen zu einem glücklichen Leben, das beständig währen sollte, wo es von der Mutter Kirche bei seiner Rückkehr aus dem irdischen Leben empfangen wurde[1]).

Diese Beispiele, an welchen man erkennt, daß die Christen solche Acclamationen, welche sich auch auf heidnischen Epitaphien finden, nicht in einem irgendwie heidnischen Sinne gebrauchten, ließen sich noch leicht vermehren. Selbst Empfindungen und Gedanken von allgemein menschlichem

[1]) Lateran=Museum, Cl. XXI, n. 5. — [2]) Ebenda n. 8.
[3]) Perret, Catacombes, t. V. pl. XVII, 20; jetzt im Lateran=Museum Cl. IX, n. 31.
[4]) Zum Texte ist zu vergleichen S. Cyprianus, De lapsis, c. 2: Quam vos laetos excipit mater ecclesia de praelio revertentes; und c. 16: Comprimatur pectorum gemitus, struatur (statt des unverständlichen „statuatur" der Handschriften) fletus oculorum. Siehe de Rossi bei Pitra, Spicilegium Solesmense, IV, Seite 584.

Charakter finden sich verhältnißmäßig selten auf den christlichen Grab=
schriften bis gegen Ende des vierten Jahrhunderts. Um diese Zeit
werden solche Aeußerungen häufiger, und in einzelnen Epitaphien in
Versen kommen auch Anklänge an Ausdrücke der heidnischen klassischen
Epigraphik vor, ohne daß jedoch aus deren Inhalt eine wirklich pagane
Auffassung hervortreten würde.

Viel häufiger jedoch sind die Zurufe und Gebete rein christlichen
Ursprungs und specifisch christlichen Inhaltes. Besonders die Grabschriften
aus der vorconstantinischen Zeit bieten eine Manchfaltigkeit von mehr
oder weniger häufig wiederkehrenden Formeln, für welche sich gar keine
Parallele in der heidnischen Epigraphik findet. In einer kurzen und
einfachen, aber prägnanten und spontanen Weise offenbart sich darin
das Glauben, das Hoffen und das Empfinden des Christen angesichts
des Todes seiner Angehörigen. Ein Gruß, der zugleich ein Gebet ist
für das ewige Glück der Seele im Himmel, ein frommer Wunsch für
die Seelenruhe des Verstorbenen, eine Empfehlung an Gott oder an die
heiligen Martyrer, und dies alles in den verschiedenartigsten Wendungen
ausgedrückt, bilden die Grundgedanken der Acclamationen. Schon die
große Zahl derselben und die Verschiedenheit ihrer Formeln beweisen,
daß es ganz neue, dem Heidenthum völlig unbekannte Ideen sind, welche
darin ihren Ausdruck finden. Denn es wäre unbegreiflich, wie die heid=
nischen Römer und Griechen, falls sie in ihrer Mehrheit dieselbe Gewiß=
heit über das zukünftige Leben gehabt hätten, dieser Ueberzeugung keinen
Ausdruck auf ihren Grabschriften gegeben hätten, während ihre neben
ihnen lebenden christlichen Mitbürger dies in so reichem Maße thaten.
Und man kann nicht einwenden, daß das epigraphische Formular der
klassischen Zeit zu feststehend war, als daß es solchen Ausdrücken per=
sönlicher Empfindungen Raum gegeben hätte. Die oben angeführten und
andere von C. M. Kaufmann[1]) gesammelten Beispiele beweisen, daß
dies nicht der Fall war. Daß die Christen vom zweiten Jahrhundert,
d. h. von der Zeit an, aus welcher wir eine größere Zahl von Grab=
schriften in den römischen Cömeterien besitzen, diese Acclamationen spe=
cifisch christlichen Inhaltes in ihr epigraphisches Formular aufnahmen,
beweist, einen wie tiefen Eindruck die Lehren der Apostel und ihrer
Schüler über das Leben der Seele nach dem Tode und über die ewige
Seligkeit auf die ersten christlichen Generationen gemacht hatten, und
daß es neue, den Menschen bis dahin unbekannte Aufschlüsse über das
Jenseits waren, welche Christus verkündet hatte. Auf diese Ergebnisse
der epigraphischen Forschung, die sich im einzelnen noch ausführlicher

---

[1]) Die Jenseitshoffnungen, s. oben S. 1.

belegen ließen, sei hier deshalb hingewiesen, weil die religionsgeschicht=
lichen Untersuchungen in der jüngsten Zeit mit Vorliebe dem Unsterb=
lichkeitsglauben zugewandt werden; man möge dabei das inschriftliche
Quellenmaterial nicht vernachläßigen.

Einzelne sehr seltene Beispiele von Anrufungen der Gottheiten
haben wir auf heidnischen Epitaphien hervorgehoben. Viel zahlreicher sind
ausführliche, wirkliche Gebetsformeln auf altchristlichen Inschriften.
Selbstverständlich ist der Inhalt derselben ein von jenen völlig verschie=
dener, ein rein christlicher; er beruht auf der Kenntniß des wirklichen
Verhältnisses des Menschen zum wahren Gott, zum Schöpfer aller Dinge,
jenes Verhältnisses, wie es die Erlösung durch Christus hergestellt, und
wie es der Heiland selbst die Menschen gelehrt hat. Von irgend welcher
Entlehnung aus heidnischen Anschauungen kann hier gar keine Rede sein.

Von den ältesten Zeiten an wurden die glorreichen Blutzeugen als
die bevorzugtesten Glieder der Kirche und als die besondern Freunde
Gottes verehrt. Sie galten den Gläubigen als ihre Fürsprecher, als ihre
Sachwalter bei Gott und bei Christus, dem göttlichen Richter aller
Menschen. Darum werden in den Acclamationen einzelner Epitaphien
die Martyrer direct angerufen, ihrem Schutze und ihrer Fürbitte werden
die Seelen der Verstorbenen empfohlen.

Endlich lehrte der Glaube die Christen, daß sie mit den Hinge=
schiedenen, trotz der Auflösung der irdischen, sichtbaren Beziehungen, doch
in Verbindung blieben. Eben darum konnten sie die Seelen durch ihre
Gebete der Güte Gottes und der Fürbitte der Heiligen empfehlen. Aber
diese Ueberzeugung äußerte sich noch in einer andern Weise. Da die
Angehörigen der Verstorbenen der festen Hoffnung lebten, daß die Seelen
dieser zum Genuße des ewigen Glückes gelangt waren, so rufen sie die=
selben in den Acclamationen der Grabschriften um ihre Fürbitte für sich
selbst oder für andere an [1]). Gerade diese Epitaphien sind von beson=
derer Wichtigkeit, um den Charakter der Acclamationen, welche sich auf
die Verstorbenen selbst beziehen, zu beurtheilen: auch diese waren wirk=
liche Gebete zu Gunsten der hingeschiedenen Seelen.

Nach diesen kurzen, allgemeinen Bemerkungen über den Charakter
und den Inhalt der Acclamationen auf christlichen Grabschriften und
über deren Verhältniß zu ähnlichen Ausdrücken der heidnischen Epita=
phien wollen wir die einzelnen Formeln jener Zurufe zusammenstellen.

---

[1]) Diese positive Hoffnung, daß die Verstorbenen bereits zur ewigen Seligkeit ge=
langt sind, findet ebenfalls in den Grabschriften häufig einen beredten Ausdruck. Ich be=
rücksichtige jedoch bei dieser Untersuchung hauptsächlich diejenigen Acclamationen, welche
Wünsche und Gebete für die Verstorbenen enthalten.

II. Die einzelnen Formeln der Acclamationen.

Zur bessern Uebersicht will ich die verschiedenen Formeln der Zurufe an die Verstorbenen, welche sich auf den altchristlichen Grabschriften vorfinden, in drei Klassen theilen. Die erste derselben umfaßt die eigentlichen Acclamationen, d. h. kurze Zurufe, welche an die Verstorbenen gerichtet werden und welche besonders Wünsche für deren ewiges Heil enthalten. In der zweiten führe ich längere Wunsch= und Gebetsformeln an, die an Gott gerichtet werden zu Gunsten der hingeschiedenen Seelen. Die dritte umfaßt die Bitten und Empfehlungen an die Heiligen, in welchen diese um ihre Fürbitte angegangen werden.

A. Die eigentlichen Acclamationen.

1. **Pax**, **Friede**, wünschen auf den ältesten Epitaphien der christlichen Cömeterien die Christen ihren verstorbenen Glaubensbrüdern. In verschiedenen Formen und Verbindungen erhielt sich dieser Zuruf im ganzen christlichen Alterthum und bis in die Jetztzeit. Von der Mitte etwa des dritten Jahrhunderts an wird die einfache Form In pace (im Frieden) fast constant gebraucht und findet sich in Verbindung mit einigen Verben wie quiescere, requiescere, dormire, vivere (ruhen, schlafen, leben) in allen Theilen des abendländischen Römerreiches. In der Form ἐν εἰρήνῃ, in pace, kommt die Acclamation auf einzelnen jüdischen Inschriften vor; allein man darf daraus nicht schließen, daß die Christen dieselben von den Juden übernommen hätten; denn die älteste Formel, in welcher wir das Wort „pax" auf christlichen Epitaphien lesen, ist von dieser verschieden. *Εἰρήνη σοι*, Pax tecum (Friede sei mit dir) ist nämlich der Zuruf, den wir auf der ältesten, aus der ersten Hälfte des zweiten Jahrhunderts stammenden Klasse der Grabschriften in der römischen Priscilla=Katakombe finden [1]). Gewöhnlich wird der Wunsch dem in Vocativform gesetzten Namen des Verstorbenen vor= oder nachgesetzt, wie in den beiden folgenden, mit rother Farbe auf die Verschlußplatten zweier Gräber gemalten Epitaphien:

Zosime, pax tecum [2]). — Zosimus, Friede sei mit dir.
Pax tecum Valeria [3]) — Valeria, Friede sei mit dir.

---

[1]) De Rossi, Bullettino di archeologia cristiana, Jahrg. 1886 und 1887, bietet zahlreiche Beispiele.
[2]) De Rossi, Bullettino, 1886 p. 81, n. 105. — [3]) Ibid. 1887, p. 110, n. 259.

Diese Form findet sich hauptsächlich auf jenen ältesten Grabschriften der Priscilla-Katakombe. Vereinzelte Beispiele derselben kommen noch im dritten Jahrhundert auf römischen Epitaphien vor[1]); dann aber ver= schwindet sie in Rom vollständig aus dem epigraphischen Formular. Auffallender Weise begegnen wir derselben dann später wieder auf einigen südgallischen Grabschriften. Einzelne aus Arles stammende Epitaphien, welche diesen Zuruf aufweisen, zeigen wohl alle Merkmale eines sehr hohen Alters, wie das folgende:

Pax tecum. Julia Victoria M(arco) Aur(elio) Asclepiodoto con- iug(i) incomparabili[2]). — Friede sei mit dir. Julia Victoria dem Marcus Aurelius Asklepiobotus, ihrem unvergleichlichen Gatten. — Allein sehr wenig modificirt erscheint die Acclamation auf einzelnen Monu= menten des vierten und des beginnenden sechsten Jahrhunderts. Eine Inschrift aus Arles, welche durch das ☧ als der nachconstantinischen Zeit angehörig bezeichnet wird, beginnt mit den Worten: Pax vobiscum sit[3]); und eine andere, wahrscheinlich aus dem Jahre 508, schließt mit dem Zuruf: In et(er)num pax te(cu)m[4]). — Friede mit dir in Ewigkeit.

Interessant ist wegen der Zusammenstellung der urchristlichen Accla= mation mit den alten heidnischen Zurufen folgende gallische Grabschrift des vierten Jahrhunderts: Stafili, pax tecum in Deo, have, vale. — Stafilius, Friede sei mit dir in Gott, sei gegrüßt, lebe wohl[5]).

Ungefähr gleichzeitig mit dieser Form treffen wir auf den ältesten Grabschriften der Priscilla-Katakombe den Zuruf: Εἰρήνη σοι, Pax tibi, der mit dem vorhergehenden ganz gleichen Ursprung und Sinn hat. Ein sehr altes Epitaph aus der genannten Katakombe schließt mit den Worten: Pax tibi, benedicte, welche die Gattin dem Verstorbenen Aurelius Varro zuruft: Aureli Varro, dulcissime et desiderantissime co(n)iux, pax tibi, benedicte[6]). — Aurelius Varro, süßester und begehrtester Gatte, Friede sei dir, Gesegneter.

Bisweilen steht statt der directen Anrede der Name des Verstor= benen im Dativ mit dem Zusatze „pax", wie auf dem folgenden, neben dem vorstehenden an seiner ursprünglichen Stelle gefundenen Epitaph:

Jul(ius) Tarsahec (ein offenbar verschriebener Name) G(aiae) Se-

---

[1]) Ibid. 1873, p. 52; — Lupi, Epitaphium Severae mart. Panormi 1734, p. 173.
[2]) Le Blant, Nouveau recueil d'inscriptions chrétiennes de la Gaule, p. 181, n. 172. — Vgl. Le Blant, Inscr. chrét. de la Gaule, nn. 526, 533, 541.
[3]) Le Blant, Inscr. chrét. t. II, n. 526. — Vgl. I, n. 329A.
[4]) Le Blant, Nouveau recueil, n. 157.
[5]) Le Blant, Inscr. chrét. II, n. 495, vgl. 497, 499.
[6]) De Rossi, Bullettino 1886, p. 97, n. 151.

cundin(a)e co(n)iugi dulcissim(a)e pax[1]). — Julius Tarjahec der Gaia Secundina, seiner süßesten Gattin, Friede.

Auf Grabschriften aus dem Ende des zweiten und dem Anfange des dritten Jahrhunderts finden wir Zusätze, welche den Sinn dieses Friedenswunsches an die Verstorbenen näher bestimmen. Eine Grab= schrift aus der Priscilla=Katakombe, welche jedoch nicht mehr der ältesten Klasse angehört, lautet:

Lucretia, pax tecum in Do(mino)[2]). — Lucretia, Friede mit dir im Herrn.

Eine andere aus derselben Grabstätte enthält die Worte:

Pax tibi a Deo[3]). — Friede dir von Gott.

Ganz ähnlich lesen wir auf einer Grabschrift in Civita di Marano in Italien:

P(ax) vobis in Deo[4]) — Friede euch in Gott.

Das folgende Epitaph stammt aus der Calixt=Katakombe:

Φίλεικλα, εἰρήνη σοι ἐν κ(υρί)ῳ[5]). — Felicla, Friede sei dir im Herrn.

Εἰρήνη σοι ἐν θεῷ — Friede dir in Gott, — lesen wir auf einer andern, ebenfalls aus einem Cömeterium der Appischen Straße stammenden Grabschrift[6]).

Andere Zusätze bieten Epitaphien wie die folgenden:

Εἰρήνη σοι ἐν οὐρανῷ[7]) — Friede dir im Himmel; — Pax tibi Octavia in p(erpetuum)[8]) — Friede dir, Octavia, in Ewigkeit.

In etwas verschiedener Wendung drücken denselben frommen Wunsch folgende Acclamationen aus, welche wir auf Grabschriften des dritten Jahrhunderts lesen:

Gensane, pax ispir(i)to (spiritui) tuo[9]). — Gensanus, Friede deiner Seele.

Leontina (i)n Deo pax[10]). — Leontina, Friede in Gott.

Pax Dom(ini) et Christi cum Faustino Attico[11]). — Der Friede des Herrn und Christi sei mit Faustinus Atticus.

Diese Acclamation bietet, besonders in ihren ältesten und einfachsten Formen „Pax tecum, Pax tibi", vollständig den Gruß dar, mit welchem Christus die Apostel so häufig begrüßte und welchen die Apostel selbst so oft gebrauchten[12]). Ohne Zweifel wandten die ersten Christen diesen

---

[1]) Ibid. p. 97, n. 150. — [2]) De Rossi, Bullettino 1886, p. 143. — [3]) Ibid. p. 164. — [4]) Corp. inscr. latin. IX, n. 5346. — [5]) De Rossi, Bullettino, 1881, p. 155. — [6]) Fabretti, Inscriptiones antiquae in aed. paternis, p. 591, n. CVIII. — [7]) Marmora Pisaurensia, p. 68, n. CLXVIII. — [8]) De Rossi, Bullettino, 1886, p. 116. — [9]) Boldetti, Osservazioni sopra i cimiteri, p. 418. — [10]) De Rossi, Roma sotterranea, II, tav. XLIX, n. 25. — [11]) Ibid. tav. XLVII, n. 52. [12]) Vgl. den Art. Pax vobis von Krüll in Kraus, Realencyklopädie der christl. Alterth. II, S. 603 f.

Gruß auch in der Liturgie und im Verkehre unter einander an, und so kamen sie dazu, diese Worte, statt des „Vale", als Abschiedsgruß und als Segenswunsch auf die Grabschriften ihrer Verstorbenen zu setzen. Allerdings in einem andern Sinne, als das Grußwort an Lebende gerichtet wurde. Den Verstorbenen gegenüber ist es der Friede in Gott, im Himmel, in der Ewigkeit (in perpetuum), welchen die Angehörigen der abgeschiedenen Seele zurufen. Allein der Gedanke des „Friedens" überhaupt ist so echt apostolisch und kehrt so häufig in den Schriften der Urkirche wieder, daß die Anwendung desselben auf das Leben der Seele nach dem Tode uns gar nicht befremden kann.

An Stelle dieser ältesten Formeln kam im dritten Jahrhundert eine andere auf. Te in pace, te cum pace, lautet der spätere Abschiedsgruß an die Verstorbenen, und bald einfach in pace, welches dem Texte der Grabschrift hinzugefügt wurde, oder als Acclamation mit dem Namen des Verstorbenen, oder mit der Bezeichnung der Seele (spiritus) verbunden ward.

Mehrere der von Marangoni in Katakomben der Via Salaria nova gefundenen Epitaphien schließen mit den Worten: Te in (im) pace oder te cum pace, und auch außerhalb Rom's kommt die Formel noch im vierten Jahrhundert vor [1]).

Εἰρήνη σου τῇ ψυχῇ, Ζώσιμε, — Friede deiner Seele, Zosimus — lautet eine aus den Katakomben stammende, jetzt im Lateran-Museum (Kl. IX, n. 29) aufbewahrte Grabschrift. Eine andere hat den Ausdruck πνεῦμα für die Seele (Ebda. Kl. IX, n. 28):

Φιλουμένη, ἐν εἰρήνῃ σου τὸ πνεῦμα [2]). — Philumene, in Frieden sei deine Seele.

Sehr häufig sind die lateinischen Epitaphien, auf welchen der Seele (spiritus) der Verstorbenen der ewige Friede zugerufen wird mit der Formel: Spiritus tuus in pace, welche den Abschluß der Grabschrift bildet [3]). Als Beispiel sei folgende Grabschrift aus der Calixt-Katakombe angeführt, die aus dem Ende des dritten Jahrhunderts stammt, und in welcher wir, wie de Rossi bemerkt, gleichsam das Echo des letzten

---

[1]) Marangoni, Acta S. Victorini, p. 95, 99. Vgl. Fabretti, Inscriptiones, p. 565, n. 109; Lupi, Epitaphium Severae, p. 71; Corp. inscr. lat. X, n. 1518.

[2]) Vgl. noch Lateran-Museum, Kl. IX, n. 27; Marangoni, Acta s. Victorini, p. 74, 77; De Rossi, Roma sotterranea, II, p. 252.

[3]) Beispiele bei Boldetti, Osservazioni, p. 406, 420; — Marangoni, Delle cose gentilesche trasportate all' uso delle chiese, p. 454. — Doni, Inscriptiones p. 527, n. 17. — Muratori, Thesaurus, p. 1847, n. 7; p. 1849, n. 5; p. 1864, n. 4. — De Rossi, Bullettino, 1884/85, p. 63, n. 10.

Gruß und Gebetes hören, welches im Namen der Kirche bei der Bei=
setzung der Leiche in den dunkeln Gängen der unterirdischen Grabstätte
gesprochen wurde:
In pace spiritus Silvani. Amen [1]). — In Frieden sei die Seele
des Silvanus. Amen.
Eine besondere Formel war in einzelnen Gegenden Mittelitaliens
im Laufe des vierten Jahrhunderts üblich. Dieselbe knüpfte an den äl=
testen apostolischen Friedenswunsch an, und fügte den Zusatz: „mit den
Engeln, mit den Heiligen" hinzu. — Pax tibi cum angelis; Pax tibi
cum sanctis.

Sie kommt hauptsächlich auf den altchristlichen Grabschriften von
Bolsena, Vulci und andern Städten vor, und war so bekannt, daß sie
bisweilen bloß mit den Siglen P. T. C. S. auf den Grabstein eingra=
virt wurde [2]).

Die längern Acclamationen, in welchen der Seele das Leben und
die Ruhe im ewigen Frieden gewünscht wird, werden wir unten näher
besprechen.

2. Refrigerium, Erquickung, ist ein zweiter, auf den christlichen
Grabschriften der vorconstantinischen Zeit vorkommender Ausdruck, durch
welchen den abgeschiedenen Seelen Gutes gewünscht und erbeten wird.
Die Acclamationen dieser Art werden bald mit dem Substantiv, bald
mit dem davon abgeleiteten Verb „refrigerare" gebildet. Letzteres findet
sich bei Schriftstellern der klassischen Zeit in der Bedeutung von ab=
kühlen[3]). Daher für refrigerium der Sinn von körperlicher Erfrischung,
und, davon abgeleitet, geistige Erquickung, Trost und Stärkung der
Seele. In dieser Bedeutung wird das Wort nun von Tertullian an
bei den christlichen Schriftstellern des Alterthums gebraucht zur Bezeich=
nung des glücklichen Zustandes, in welchem sich die abgeschiedenen
Seelen im Jenseits befinden oder welchen man denselben wünscht.
Der Aufenthaltsort der Seelen ist ein Ort geistiger Erquickung und
Stärkung, selbst dann, wenn diese Seelen als nicht im definitiven Ort
der ewigen Seligkeit befindlich gedacht werden, wie dies z. B. bei Ter=
tullian der Fall ist[4]). Die unten angeführten Stellen aus den Schriften

[1]) De Rossi, Roma sotterranea, II, tav. XLIX, 6.
[2]) Beispiele bei De Rossi, Bullettino 1873, p. 114; 1880, p. 113, 129, 130.
Corp. inscr. lat. XI, nn. 2841, 2950 und viele andere. Die Formel ist so charakteristisch,
daß de Rossi daraus schließt, eine in der Katakombe des Hippolytus beigesetzte Mu=
natia Susanna Avita, deren Grabstein dieselbe aufweist, stamme wohl aus Tuscien.
Bullettino, 1882, p. 74.
[3]) Forcellini, Lexikon, s. v. refrigerare, refrigerium.
[4]) Die Lehren der Väter der drei ersten Jahrhunderte s. bei Atzberger, Geschichte
der christlichen Eschatologie, Freiburg i. B., Herder, 1896. — Vgl. folgende Stellen der

des letztern beweisen, daß gegen Ende des zweiten Jahrhunderts der Gebrauch des refrigerium in diesem Sinne völlig eingebürgert war, und daß die Gläubigen in ihren Gebeten um die geistige Erquickung der abgeschiedenen Seelen flehten [1]. Offenbar hängt die Anwendung dieses Ausdruckes zusammen mit dem so beliebten, auf die Parabeln des Herrn gegründeten Symbolismus, die himmlischen Freuden unter dem Bilde eines Mahles darzustellen.

In den Acclamationen der christlichen Grabschriften finden wir den Ausdruck etwa gleichzeitig mit Tertullian, gegen Ende des zweiten und Anfang des dritten Jahrhunderts; er wurde besonders häufig gebraucht im Laufe des dritten Jahrhunderts; später finden sich sehr wenige Beispiele. Der Umstand, daß er gleichzeitig bei Tertullian in Africa und auf römischen und gallischen Epitaphien vorkommt, beweist, daß es keine specifisch africanische Redeart ist, sondern daß der Ausdruck in den lateinischen Ländern bei den Christen allgemein in Uebung war.

Die Formeln, in welchen „refrigerium" auf den Epitaphien vorkommt, sind sehr mannchfaltig. Einfach dem Namen des Verstorbenen hinzugefügt, so daß das ganze Epitaph zur Acclamation wird, lesen wir es auf folgender Inschrift der Priscilla-Katakombe:

Dulcissimo Antistheni coniugi suo refrigerium [2]. — Dem süßesten Antisthenes, ihrem Gatten, Erquickung.

Eine etwas andere Form bieten Epitaphien wie das folgende:

Ursus, Alexander et Valer(i)us in refrigerio [3]. — Ursus, Alexander und Valerius (mögen) in der Erquickung (sein).

Das hier zu ergänzende Verbum findet sich in dem Zuruf auf einer Grabplatte der Domitilla-Katakombe:

Secunda, esto in refrigerio [4]. — Secunda, mögest du in der Erquickung sein.

Häufig wird ausdrücklich der Seele die Erquickung erfleht, wie in der Formel: Spiritus tuus in refrigerio — deine Seele in Erquickung, — welche wir auf einem Fragment in der Domitilla-Katakombe lesen [5]);

---

kirchlichen Schriftsteller: Tertullian, Adv. Marcionem. III, 24; de idololatria, c. 13; de monogamia, c. 12; de testimonio animae, c. 4; Apologeticus, c. 49. — S. Cyprianus, de mortalitate, c. 15. — S. Paulinus Nol. ep. XXXV (Migne, P. L. LXI, col. 350); ep. XXXVI (ibid. col. 351). — S. Augustinus, Dulcitii quaestiones (Migne, P. L. XL, col. 157).

[1]) Die Stelle aus Tertullian, de monogamia, c. 12, lautet: pro anima eius (defuncti mariti) et refrigerium interim adpostulat etc.; siehe unten Seite 62. — [2]) De Rossi, Bullettino, 1886, p. 129.

[3]) Boldetti, Osservazioni, p. 418. Siehe ebenda das Epitaph des Nicephorus. Vgl. Marangoni, Delle cose gentilesche, p. 452. — [4]) De Rossi, Bullettino 1884/85, p. 43. — [5]) De Rossi, Bullettino 1879, p. 137.

oder in der Acclamation am Schlusse eines Epitaphs, in der Gattin und Sohn dem verstorbenen Victorinus zurufen:
In refrigerio anima tua, Victorine [1]). — In der Erquickung sei deine Seele, Victorinus.

In der folgenden, sehr schönen Grabschrift aus einer römischen Katakombe wird der Herr angerufen, daß er den Geist der Verstorbenen in die ewige Erquickung aufnehmen möge:
Parentes (avii?) Paulinae filiae dulcissimae, cuius spiritum in refrigerium suscipiat Dominus [2]). — Die Eltern . . . (bereiteten das Grab) der Paulina, ihrer süßesten Tochter, deren Seele der Herr in die Erquickung aufnehmen möge.

Diese Inschrift zeigt, in welchem Sinne auch die obigen, kürzern Zurufe zu verstehen sind.

Bisweilen werden die beiden Ausdrücke pax und refrigerium ver= einigt in der Acclamation: In pacem et in refrigerium, welche wir auf Inschriften aus den Katakomben des Hermes und der Priscilla lesen [3]). Ebenso zahlreich und mannichfaltig sind die Zurufe, in welchen das Verb refrigerare gebraucht wird, um den verstorbenen Seelen die Erquickung zu wünschen.

Bald steht dasselbe allein, wie in der folgenden Grabschrift:
C(aio) Vi(b)io Alexa(n)dro, Tatisi(a)e Pompei(a)e, refrigeretis [4]). — Dem Caius Vibius Alexander, der Tatisia Pompeia; möget ihr euch erquicken.

Auf den meisten Epitaphien dieser Art jedoch wird die Bitte direct oder indirect an Gott selbst gerichtet, damit er die Seele des Ver= storbenen in der Ewigkeit erquicke. So beginnt eine jetzt im Lateran= Museum (Kl. IX, n. 12) aufbewahrte Inschrift mit den Worten:
Bolosa, Deus tibi refrigeret. — Bolosa, möge dich Gott er= quicken [5]).

Direct an Gott wird die Bitte gerichtet auf folgendem Fragment, ebenfalls im Lateran=Museum (Kl. IX, n. 14):

---

[1]) Fabretti, Inscr. ant. p. 547, n. 5; p. 758, n. 638.
[2]) Muratori, Thesaurus, p. 1922, n. 1; vgl. De Rossi, Bullettino, 1886, p. 129 f.
[3]) De Rossi, Bullettino, 1886, p. 128 f.; 1894, p. 71—73. — Gruter, Thesaurus inscriptionum, p. 1057, n. 10.
[4]) Perret, Catacombes, t. V, pl. XLVI, n. 10. — Vgl. De Rossi, Bullettino, 1884/85, p. 61, n. 1. — De Rossi, Inscriptiones christianae, I, n. 775 (aus dem Ende des vierten oder der ersten Hälfte des fünften Jahrhunderts). — Marangoni, Acta S. Victorini, p. 117.
[5]) Perret, Catacombes, V, pl. LXI, n. 8. — Vgl. dieselbe Acclamation bei Mai, Vet. scriptorum nova collectio, V, p. 419, n. 3.

Refrigera, Deus, anima(m) Hom. . . .[1] — Erquide, o Gott, die
Seele des . . .

Am häufigsten ist die Formel: Spiritum tuum Deus refrigeret,
welche nicht nur auf zahlreichen römischen, sondern auch auf africa=
nischen Inschriften vorkommt. Als Beispiel diene folgendes Epitaph,
welches auch wegen der hinzugefügten Symbole Interesse bietet:
Kalemere, Deus refrigeret spiritum tuum una cum (spiritu)
sororis tuae Hilare[2]. — Kalemere, Gott möge deine Seele zugleich
mit derjenigen deiner Schwester Hilara erquicken.

Mitten in dem Text sehen wir das Bild des guten Hirten und
eines Vogels, der auf einem Baume sitzt. Beide Symbole passen vor=
trefflich zu der im Text ausgesprochenen Bitte: der gute Hirt ist das
Sinnbild des Heilandes, welcher die verstorbene Seele, das Lamm seiner
Heerde, auf die Triften der himmlischen Weiden trägt, damit sie sich
dort erquicke[3]; und einen ähnlichen Gedanken deutet das Bild des auf
einem Baume sitzenden oder, wie es sonst vorkommt, an Früchten
pickenden Vogels (Bild der Seele) an.

Wegen der Eigenheit des Textes sei auch folgendes Epitaph an=
geführt, welches in lateinischen Worten, aber mit griechischen Cursiv=
Buchstaben in den noch frischen Kalk rechts und links neben der Ver=
schlußplatte eines Loculus eingeschrieben in der Katakombe des Prätex=
tatus gefunden wurde:
Benemerenti sorori Bonosae, VIII kal(endas) Nov(embres). —
Deus Christus omnipote(n)s spirit(um) tu(um) ref(r)igeret; in
Christo[4]. — Der wohlverdienten Schwester Bonosa, am 25. October.
Gott Christus, der allmächtige, möge deine Seele erquicken. In Christus.

Auf einigen Grabschriften werden noch Ausdrücke hinzugefügt,
durch welche die Erquickung näher bestimmt wird. So lautet ein Epi=
taph aus einer Katakombe der Via Salaria:
Augustus (andere Editoren haben „Auguste") in bono refrigeres
dulcis[5]. — Augustus, mögest du dich im (ewigen) Guten erquicken,
du süßer.

[1] Lupi, Epitaphium Severae, p. 168.
[2] Perret, Catacombes, V, pl. XLIII, n. 1.
[3] Siehe die Acten der Perpetua u. Felicitas, c. IV, c. XIII, ed.
P. Franchi de' Cavalieri, Röm. Quartalschr., V. Supplementheft, Rom 1896.
[4] Perret, Catacombes, t. VI, p. 173. Vgl. De Rossi, Bullettino 1872,
p. 135; 1863, p. 2. — Aehnliche Formeln: Boldetti, Osservazioni, p. 417;
Perret, l. c. V, pl. XXXV, n. 103; Armellini, Cimitero di S. Agnese,
p. 141; Corp. inscr. lat. VIII, n. 8191.
[5] Marangoni, Acta S. Victorini, p. 80; vgl. Mai, Vet. script. nova
collectio, V, p. 420, n. 4.

Auf andern Grabschriften wünscht man den Verstorbenen die Er=
quickung „mit den heiligen Seelen", wie in einem Epitaph vom Jahre
291, wo der Acervonia Silvana zugerufen wird:
Refrigera cum spirita sancta. — Erquicke dich mit den heiligen
Seelen[1]).

Als letztes Beispiel sei folgende Grabschrift aus der Priscilla=
Katakombe angeführt:
Posu(it Ype)rechius co(n)iugi Albinul(a)e benemerenti sic ut
spiritum tuum Deus refrigeret[2]). — Yperechius setzte (diesen Grab=
stein) seiner wohlverdienten Gattin Albinula, so daß Gott deinen Geist
erquicken möge.

Hier wird als Grund angegeben, weshalb die Grabschrift gesetzt
wurde: damit Gott die Seele erquicke. Der Sinn ist offenbar, wie aus
den unten zu besprechenden Aufforderungen zum Gebet für die Ver=
storbenen hervorgeht, daß durch die Grabschrift die Gläubigen, welche
dieselbe lasen, erinnert wurden, für die Seele der Albinula zu beten,
damit Gott ihr die ewige Erquickung gewähre.

Eine sehr alte und wegen der wahrscheinlich in dem Text vor=
kommenden Erwähnung des Martyriums besonders wichtige Inschrift
aus Gallien zeigt ebenfalls den Ausdruck refrigeret nos; allein der Text
ist leider verstümmelt und schwer mit Sicherheit zu ergänzen[3]).

3. Das ewige Heil wird in Grabschriften, besonders des dritten
Jahrhunderts, auch einfach bezeichnet mit bonum, nämlich das Gute
per excellentiam, welches die Seele im Jenseits genießt. Dieses wird
in den Acclamationen den Seelen gewünscht. Die am meisten gebrauchte
Formel lautet:
Spiritus tuus in bono. — Möge deine Seele im Guten sein.

So eine Grabschrift des dritten Jahrhunderts in der Kalixt=
Katakombe:
Eugeni, spiri(tus) tuus in bono[4]). — Eugenius, möge deine Seele
im Guten sein.

Dieser Zuruf findet sich gleichfalls auf sehr alten africanischen In=
schriften, wie auf folgender:

---

[1]) De Rossi, Inscriptiones christianae, I, n. 17; Vergleiche eine ähnliche
Formel auf einem Epitaph aus S. Priscilla bei de Rossi, Bullettino 1873, p. 54.
[2]) De Rossi, Bullettino 1894, p. 60.
[3]) Le Blant, Inscriptions chrétiennes de la Gaule, II, p. 305, n. 548 A.
[4]) De Rossi, Roma sotterranea, II, tav. XLIII, n. 54, p. 252. Andere
Beispiele: Boldetti, Osservazioni, p. 418; Fabretti, Inscriptiones, p. 575,
n. LXII; Marangoni, Acta S. Victorini, p. 82; Ders., delle cose gentilesche,
S. 454; De Rossi, Bullettino, 1881, p. 67.

Felix in pace, spiritu(s) tu(us) in bon(o) ¹). — Felix im Frieden,
deine Seele sei im Guten.

Das Verb, welches dabei zu ergänzen ist, wird auf andern Epi=
taphien ausgedrückt. So auf der nachstehenden Grabschrift aus einer
Katakombe der Via Salaria nova:

Romane, ispiritus (spiritus) tu(u)s i(n) bono sit ²). — Romanus,
deine Seele sei im Guten.

Wir werden unten noch andere Beispiele der Verbindung dieses
Ausdrucks mit Verben, wie quiescere, vivere, in längern Acclamationen
kennen lernen.

4. In den liturgischen Gebeten der ältesten Sacramentarien wird
das ewige Licht, im Gegensatz zur Finsterniß des Ortes der Qualen,
für die Seelen der Verstorbenen erfleht. Auf den Grabschriften der
Verstorbenen vom vierten Jahrhundert an finden wir, besonders in
metrischen Texten, den Ort der Seligkeit als einen Ort des Lichtes be=
zeichnet. Allein in Acclamationen kommt dieser Ausdruck selten vor.
Als Beispiel sei folgendes Epitaph aus einer römischen Katakombe an=
geführt:

Aeterna tibi lux, Timothea, in Christo. Quae vixit ann(os) XIII
mens(es) IX; in pace (dep)os(ita) VII id(us) Aug(usti) ³). — Das
ewige Licht leuchte dir, Timothea, in Christus; sie lebte 13 Jahre,
9 Monate, in Frieden beigesetzt am 7. August.

Das Epitaph stammt aus dem Anfang des vierten Jahrhunderts.

5. Das Wesen der ewigen Seligkeit bestand im Genusse Gottes
als des höchsten Gutes. Darum wird in den Zurufen der christlichen
Grabschriften den Seelen der Verstorbenen gewünscht, sie mögen in
Gott, in Domino, sein, oder Gott (Christus) möge mit ihnen sein.

Zwei Epitaphien des dritten Jahrhunderts aus der Kalixt=Kata=
kombe seien zunächst als Beispiele solcher Acclamationen angeführt. Das
eine lautet:

Mercu(rius) Constant(iae) filiae. In Domino ⁴). — Mercurius
seiner Tochter Constantia. Im Herrn.

Die Schlußworte sind offenbar als Wunschform aufzufassen, wie
aus der andern Grabschrift, die den Namen des Verstorbenen im Vo=
cativ gibt, hervorgeht:

---

¹) Corp. inscr. lat. VIII, Suppl. I, n. 14 328; vergleiche De Rossi,
Bullettino 1883, p. 83.
²) Mai, Vet. script. nova collectio, V, p. 446, n. 8.
³) Mai, Vet. script. V, p. 450, n. 5.
⁴) De Rossi, Roma sotterr. II, tav. XLIX, 15; p. 299.

Augurine, in Dom(ino) et Jesu Christo ¹). — Augurinus, im
Herrn und in Jesus Christus.
Eine andere römische Grabschrift schließt mit den Worten:
In Domino et in pace. — Im Herrn und im Frieden ²).

Eigenartig unter den Acclamationen der ältesten Grabschriften in
der Priscilla=Katakombe ist der Wunsch: Ὁ κύριος μετὰ σοῦ — Der
Herr sei mit dir —, welcher wörtlich aus dem Grüße entnommen ist,
welchen der Engel Gabriel an die Jungfrau Maria richtete (Luc. I, 28).
Die Inschrift lautet:

Τῇ σεμνοτάτῃ καὶ γλυκυ(τά)τῃ συμβίῳ Ῥοδίνῃ Αὐρ(ήλιος) Διο(νυ)-
σιω(δῶ)ρος τέθεικα. Ὁ κύρ(ιος) μετὰ σοῦ ³). — Der würdigsten und
süßesten Gattin Rhodine setzte Aurelius Dionysiodorus diesen Grab=
stein. Der Herr sei mit dir.

Aehnlichen Sinn hat die Acclamation in folgender Grabschrift des
dritten Jahrhunderts aus der Katakombe des Kalixtus:

Bettoni in pace. Deus cum spiritum tuum (spiritu tuo). De-
cessit VII id(us) Feb(ruarias) annorum XXII. — Bettonius in
Frieden; Gott sei mit deiner Seele; er starb am 7. Februar im Alter
von 22 Jahren.

In der ersten Zeile des Epitaphs steht neben dem Text das grie=
chische Wort ΙΧΘΥC (Fisch), das bekannte mystische Glaubensbekennt=
niß der alten Kirche: Ι(ησοῦς) Χ(ριστὸς) Θ(εοῦ) Υ(ιὸς) Σ(ωτήρ). —
Jesus Christus, Gottes Sohn, Erlöser ⁴).

Fast die gleiche Formel bietet ein griechisches Epitaph aus Tripolis,
in welchem wir mitten im Text die Worte lesen:

Ὧ Χριστὸς μετὰ τ(ο)ῦ πνεύματός σ(ο)υ. — Christus mit deinem
Geiste ⁵).

Auch die kürzere Formel Χριστὸς μετά σου — Christus mit dir,
kommt auf altchristlichen griechischen Grabschriften vor ⁶).

6. Der Ort der Seligkeit war der gemeinsame Aufenthaltsort der
Heiligen und Gerechten. Daher wünschten die Christen im Alterthum
den Seelen der Verstorbenen, sie mögen cum sanctis, inter
sanctos (mit den Heiligen, unter die Heiligen) aufgenommen werden.
Daß hierbei nicht, wenigstens nicht immer, an den provisorischen Auf=
enthalt der hingeschiedenen Seelen bis zum letzten Gerichte zu denken

---

¹) De Rossi, Ibid. tav. XXXIX, 50, p. 277. — ²) Marangoni, Acta
s. Victorini, p. 126. — ³) De Rossi, Bullettino 1892, p. 91—92. — ⁴) De
Rossi, Roma sotterr. II, tav. LV, 1. — ⁵) Corp. inscr. graecarum, IV, n. 9137.
⁶) Eine kurze Zusammenstellung griechischer Acclamationen des Corp. inscr. graec.
bietet Ritter, de compositione titulorum christianorum sepulcralium. Berlin,
1877, S. 41—42.

sei, welchen einzelne altchristliche Schriftsteller annahmen, geht aus der unten zu erwähnenden Grabschrift aus Syracus hervor. In dieser wird nämlich gewünscht, die Seele des Verstorbenen möge „in Ewigkeit" mit den Heiligen sein. Nichts hindert darum, anzunehmen, daß unter den „Heiligen" nicht bloß die Gerechten überhaupt zu verstehen seien, son= dern besonders die Martyrer, die eigentlichen Heiligen der alten Kirche. Von diesen glorreichen Blutzeugen glaubten die alten Christen stets, daß sie unmittelbar zur ewigen Seligkeit in der Anschauung Gottes zuge= lassen wurden. Darum kann die Acclamation cum sanctis ebenso von der Aufnahme zum definitiven Orte der himmlischen Glorie verstanden werden.

Die einfachste Form bieten einige Inschriften aus römischen Kata= komben, auf welchen wir den Zuruf cum sanctis oder inter sanctos lesen, bisweilen mit dem Zusatze in pace. Das nachstehende Epitaph wurde in einem Cömeterium der Salarischen Straße gefunden:

Anastasi, in pace cum sanctis[1]). — Anastasius, im Frieden mit den Heiligen.

Etwas ausführlicher lautet der Wunsch auf einer Grabschrift des dritten Jahrhunderts aus der Katakombe des Kalixtus:

Agatemeris, spiritum tuum inter sanctos[2]) — Agathemeris, deine Seele (möge Gott) unter die Heiligen (aufnehmen).

In einem längern römischen Epitaph lesen wir: Cuius anima cum sanctos in pace[3]) — dessen Seele mit den Heiligen in Frieden aufge= nommen werde; — und eine Grabschrift aus Puteoli schließt mit den Worten: Cuius anema inter iustus sit[4]) — dessen Seele unter den Ge= rechten sei.

Besonders schön ist die Acclamation, welche die Eltern eines Kindes Namens Cyriacus auf dessen Grabstein in einer Katakombe von Syracus setzen ließen und auf die oben hingewiesen wurde; sie lautet:

Εἰς ἐῶνα (αἰῶνα) μετὰ τῶν ἁγίων αὐτοῦ τὸ ψυχὶν ἐν ὀνόματι Ἰησοῦ Χριστοῦ. — Sein Seelchen möge in Ewigkeit sein mit den Heiligen im Namen Jesu Christi[5]).

---

[1]) Marini, Atti dei fratelli Arvali, p. 636; vgl. Mai, Script. vet. V, p. 362, n. 8 (mit verschiedener Zeilentheilung). Andere Beispiele: Fabretti, Inscrip-tiones p. 557, n. XXVIII. — Perret, Catacombes, V, pl. XLII, 4.

[2]) De Rossi, Roma sotterr. II, tav. XLV, 18. Vgl. eine ähnliche Acclamation bei Castelli, Inscriptiones Siciliae, p. 275, n. LXVI.

[3]) Fabretti, Inscriptiones p. 329, u. 485; vgl. p. 574, n. LXI.

[4]) Corp. inscr. lat., X, n. 3305. — Vgl. ein griechisches Epitaph bei Bol-detti, Osservazioni, p. 420.

[5]) Kaibel, Inscriptiones graecae Siciliae et Italiae, n. 139; vgl. De Rossi, Bullettino, 1877, p. 158.

Häufig wird auch die Bitte in den Grabschriften ausgedrückt, die Seelen der Verstorbenen mögen **leben** mit den Heiligen oder mit ihnen die **ewige Ruhe** haben. Erwähnt sei noch, daß auf griechischen In=schriften aus späterer Zeit (fünftes und sechstes Jahrhundert) öfter der Text schließt mit der Formel:

Ὁ θεὸς ἀναπαύσῃ τὴν ψυχήν σου μετὰ τῶν δικαίων. Ἀμήν. — Gott möge deine Seele mit den Gerechten in die Ruhe aufnehmen, Amen [1]).

Auf den Epitaphien Aegyptens und anderer Gegenden finden wir zu derselben Zeit sehr häufig die Gebetsformel, der Verstorbene möge in den Schooß der Patriarchen Abraham, Isaak und Jacob aufgenommen werden:

Ὁ Κύριος ἀνάπαυσον τὴν ψυχὴν αὐτοῦ ἐν κόλπις τῶν ἁγίων πατέρων Ἀβραάμ καὶ Ἰσὰκ καὶ Ἰακώβ [2]).

Aehnliche Formeln kommen auch auf lateinischen Epitaphien aus den letzten Zeiten des christlichen Alterthums vor [3]).

7. Auf einzelnen heidnischen Grabschriften schon wird der Tod be= zeichnet als ein Eingehen zur Ruhe. Dasselbe finden wir bei den Christen, doch mit dem Unterschiede, daß hier das Ruhen nach dem Tode als ein Ruhen der Seele in Gott, im Guten, im Frieden näher charakterisirt wird. In diesem Sinne kehrt die Auffassung in verschiedenen Wen= dungen häufig in den Acclamationen wieder. Der Ausdruck requiescere kommt schon in der leider nur theilweise erhaltenen Inschrift eines alten Grabes der Priscilla=Katakombe vor, welche von **de Rossi** ergänzt wird: Spiri(tus tuus) requiescat (in deo) . . . [4]). — Deine Seele möge ruhen in Gott.

Im Laufe des dritten und im vierten Jahrhundert wird häufiger quiescere gebraucht und zwar in verschiedenen Verbindungen. So lautet eine Inschrift aus einer römischen Katakombe, jetzt im Lateran= Museum (Kl. IX, n. 15):

Lais cum pace ispiritus (spiritus) in bonu (bono) qu(i)escat [5]). — Lais, deine Seele möge mit Frieden im Guten ruhen.

---

[1]) Vgl. Corp. inscr. graec. IV, nn. 9122 (aus Nubien), 9278 (aus Smyrna).
[2]) Corp. inscr. graecarum, IV, n. 9124; vgl. nn. 9128, 9123, 9113, 9114 u. a.
[3]) Muratori, Thesaurus p. 1825, n. 7. — Vgl. aus etwas früherer Zeit Corp. inscr. lat. X, n. 1370.
[4]) Bullettino 1886, p. 58, n. 50.
[5]) Perret, Catacombes V, pl. XXVI, 56. Dieselbe Acclamation auf einem Epitaph bei Marangoni, Acta S. Victorini, p. 131. Beide Inschriften gehören dem dritten Jahrh. an.

Einem verstorbenen Knaben Anatolius, dessen Grabschrift aus einer Katakombe der Via Salaria nova stammt und jetzt im Lateran-Museum (Kl. VIII, 19) aufbewahrt wird, rufen die Angehörigen zu: Ispiritus tuus bene requiescat in Deo [1]). — Deine Seele ruhe wohl in Gott.

Auch mit dem Zuruf in pace wird quiescere in den Acclamationen des dritten Jahrhunderts verbunden. So schließt das Epitaph, welches ein Vater seinem verstorbenen Sohne Julius setzte, mit den Worten: Anima innox, cesquas (quiescas) bene in pace [2]) — Unschuldige Seele, ruhe wohl in Frieden; — und auf einem andern lesen wir den Wunsch: In pace quiescat. — Er ruhe wohl in Frieden [3]).

Wie mit dem beginnenden vierten Jahrhundert die alten Acclama= tionsformeln überhaupt verschwinden, so wird auch requiescere nur mehr gebraucht in der Formel: Hic requiescit in pace, mit welcher vom fünften Jahrhundert an sehr häufig die Grabschriften beginnen. Erwähnt sei aus der spätern Zeit nur, daß das heute noch gebräuchliche litur= gische Schlußgebet: Requiescat in pace, Amen, wörtlich auf einer In= schrift vom Jahre 614 aus Spanien vorkommt [4]).

Die obigen Ausdrücken entsprechenden Substantive r e q u i e s, q u i e s kommen in den Acclamationen der ältern Periode nicht vor; sie werden bloß in mehrern Grabschriften verwendet zur positiven An= gabe, daß die Seele des Verstorbenen zur Ruhe in Gott aufgenommen wurde. Als Wunsch ist jedoch höchst wahrscheinlich das folgende cartha= gische Epitaph, aus einer schwer zu bestimmenden Zeit, aufzufassen: In pace et requ(i)e [5]). — Im Frieden und in der Ruhe.

Die Ruhe des Todes wird auf den christlichen Grabschriften häufig als S c h l a f bezeichnet; eine Ausdrucksweise, welche bereits im ersten Briefe des hl. Paulus an die Thessalonicher (IV, 13—15) in präg= nantem Sinne gebraucht wird. Auch in der heidnischen Epigraphik wird der Tod als somnus aufgefaßt; aber in anderm Sinne als von den Christen. Den letztern galt, wie aus zahlreichen Stellen der altchrist= lichen Litteratur hervorgeht, der Tod als ein Schlaf, der Begräbnißplatz als eine Schlafstätte ($\varkappa o\iota\mu\eta\tau\eta\varrho\iota o\nu$, coemeterium), weil sie die zukünf= tige Auferstehung mit der vollsten Zuversicht erwarteten [6]). Auf den altchristlichen Grabschriften bezeichnet d o r m i r e (schlafen) dann das

---

[1]) Perret, Catacombes V, pl. LXX, 5; vgl. unten Cap. 3.

[2]) Mai, Veter. script. V, p. 385, n. 1.

[3]) Marangoni, Acta S. Victorini p. 130.

[4]) Hübner, Inscr. Hispaniae christianae, p. 55, n. 171.

[5]) Corp. inscr. lat. VIII, Suppl. n. 14250; vgl. ebda. n. 13583.

[6]) Vgl. Kraus, Realencyklopädie der christl. Alterthümer, Art. Cömeterium, I, 310.

Ausruhen in der ewigen Seligkeit, das Ruhen in Gott, im ewigen Frieden. In diesem Sinne wird der Ausdruck in den Acclamationen des dritten und des beginnenden vierten Jahrhunderts gebraucht, aber sehr selten; viel häufiger finden wir die Formel dormit in pace zur Be= zeichnung der Todesruhe. Als Zuruf lesen wir am Schlusse eines rö= mischen Epitaphs: Dormi in pace [1]); und auf einem andern: In pace Domini dormias [2]) — Im Frieden des Herrn mögest du schlafen. — Auf den griechischen Grabschriften werden in gleicher Weise die entsprechenden Worte ἀνάπαυσις (Ruhen, Ausruhen) und ἀναπαύω (ausruhen lassen, zur Ruhe bringen) gebraucht. Ein Epitaph aus einer Katakombe der Via Salaria nova lautet:

Ἡράκλια Ῥώμη, (ε)ἰς ἀνάπαυσίν σου ἡ ψυχή [3]). — Heraclia Rome, möge deine Seele zur Ruhe aufgenommen werden.

Aus den Cömeterien an derselben Straße stammt das folgende Epitaph:

Ἀθηνοδῶρε τέκνον, τὸ πνεῦμά σου εἰς ἀνάπαυσιν [4]). — Atheno= dorus, mein Sohn, möge deine Seele in der Ruhe sein.

Auf griechischen Inschriften der spätern Zeit, besonders in Aegypten, werden diese Ausdrücke in längern Gebets= und Wunschformeln der Grab= schriften angewendet, wie z. B.:

Ὁ θεὸς ἀναπαύσῃ τὴν ψυχὴν αὐτῆς ἐν σκηναῖς ἁγίων. Ἀμήν. — Gott möge ihre Seele in den Zelten der Heiligen ausruhen lassen. Amen.[5])

8. Eine weitere Klasse von Acclamationen wünscht den abgeschie= denen Seelen, daß sie von Gott aufgenommen werden mögen (suscipere, accipere) zum ewigen Frieden. Der Sinn dieses Wunsches ist offenbar der, daß Christus, der Richter, die Seele nicht von sich verstoße, sondern sie bei ihrem Scheiden vom Leibe gnädig auf= nehmen möge. Wir lesen diesen Wunsch auf einer Inschrift der Pris= cilla=Katakombe in einem längern Gebete, welches unten (S. 31) aus= führlicher besprochen werden soll. Ein Epitaph aus der zweiten Hälfte des dritten Jahrhunderts in der Kalixt=Katakombe, welches ein Grab mit mehrern Leichen verschloß, schließt mit der Bitte: Suscipeantur in pace. — Sie mögen in Frieden aufgenommen werden [6]).

Die folgende Grabschrift wurde, nach der Angabe Fabretti's, in dem Cömeterium des Castulus an der Via Labicana gefunden:

---

[1]) Perret, Catacombes V, pl. LIV, 15. — [2]) Boldetti, Osservazioni, p. 418. — [3]) Perret, Catacombes, V, pl. XXXII, 81. — [4]) Lupi, Epitaphium Severae, p. 11.

[5]) Corp. inscr. graec. IV, n. 9112; vgl. ebenda n. 9111; Revue archéologique, 1883, t. I.

[6]) De Rossi, Roma sotterr. III, tav. XXVIII, 49, p. 126.

Gaudentia suscipeatur in pace. — Gaudentia möge in Frieden aufgenommen werden[1]).

Dem Anfange des vierten Jahrhunderts gehört das nachstehende Epitaph an, dessen Fundort verschieden angegeben wird:

Ursula, accepta sis in Christo. — Ursula, werde aufgenommen in Christus[2]).

Diese Beispiele lassen uns klar erkennen, in welchem Sinne die Aufnahme der Seelen in den Acclamationen dieser Art zu verstehen ist.

9. Neben den altchristlichen Inschriften, welche den Verstorbenen den Frieden wünschen, finden wir am häufigsten vom Ende des zweiten Jahrhunderts an und während des ganzen dritten Jahrhunderts solche Acclamationen, welche der abgeschiedenen Seele das ewige Leben in Gott, im Frieden zurufen. Das Leben im Jenseits galt ja den Christen als das eigentliche Leben[3]); sie glaubten fest daran, daß durch den Tod das menschliche Dasein nicht erlösche, sondern daß die Seele fortlebe bei Gott. Der h. Cyprian weist mit Rücksicht darauf während der großen Seuche, die zu seiner Zeit ausgebrochen war, die Christen zurecht, weil sie sich übermäßiger Trauer um die Verstorbenen hingaben, und er ge= braucht dabei den Ausdruck vivere apud Deum (bei Gott leben) als eine bei den Christen gebräuchliche Redeweise[4]). Die Formel, in welcher dieser Ausdruck auf den gleichzeitigen Grabschriften vorkommt, ist prägnanter; denn vivere in Deo (in Gott leben) bezeichnet nicht nur die Fortdauer des Daseins der Seele nach dem Tode bei Gott, sondern auch den übernatürlichen Zustand, in welchem sich die Seelen der Ge= rechten befinden, indem sie in Gott leben und dadurch gleichsam der Theilnahme an dem göttlichen Leben, soweit es dem Geschöpfe möglich ist, gewürdigt werden. Daß dieses Leben die Quelle des höchsten Ge= nusses und Glückes für die Seele sein mußte, liegt auf der Hand. So

---

[1]) Fabretti, Inscriptiones p. 571, n. XLIX.

[2]) Boldetti, Osservazioni p. 341; vgl. Settele in den Atti dell' Acca-demia Romana di archeologia, II, p. 93.

[3]) Eine in Vienne in Südfrankreich gefundene Inschrift drückt diesen Gedanken mit folgenden herrlichen Worten aus: Eufemia . . . XVIII suae aetatis anno mortem perdidit et vitam invenit, quia solum vitae auctorem dilexit in terris, cum ipso iuncta est in coelo. — Eufemia . . . hat im Alter von 18 Jahren den Tod verloren und das Leben gefunden; weil sie den Urheber des Lebens allein auf Erden liebte, ist sie mit ihm vereinigt im Himmel. — Revue épigraphique du midi de la France, 1893, p. 241.

[4]) „Occasionem dandam non esse gentilibus, ut nos merito ac iure repre-hendant, quod quos vivere apud Deum dicimus, ut extinctos et perditos lugeamus, et fidem, quam sermone et voce depromimus, cordis et pectoris testi-monio non probemus." Cyprianus, de mortalitate, 20.

konnten die Christen ihren verstorbenen Brüdern nichts Höheres wünschen, als das Leben in Gott, welches der Inbegriff der ganzen übernatürlichen Seligkeit ist. Der reiche Inhalt dieser Acclamation trug gewiß dazu bei, sie zu einer so beliebten zu machen. Wir finden dieselbe am häu= figsten in der Form: Vivas in Deo, griechisch: Ζῇς ἐν θεῷ (mögest du leben in Gott), und, wenn die Grabschrift mehrern Verstorbenen zugleich gesetzt ist: Vivatis in Deo (möget ihr in Gott leben). Die ältesten Beispiele finden sich in der Priscilla=Katakombe und gehören dem Ausgange des zweiten Jahrhunderts an. Dahin gehört die Grab= schrift des Acilius Rufinus, eines Angehörigen der vornehmen Familie der Acilier, unter deren Garten vor der Stadt jene Katakombe angelegt war. Dem Namen des Verstorbenen ist der Zuruf ζήσῃς ἐν θεῷ (mögest du leben in Gott) beigefügt[1]). Derselben Katakombe gehört die In= schrift an:

Maxime, vivas in Deo[2]). — Maximus, mögest du leben in Gott.

Sie ist mit Rücksicht auf die Form der Buchstaben ebenfalls dem Ende des zweiten Jahrhunderts zuzuweisen. Auf den Grabschriften aller römischen Katakomben kommt die Acclamation im Laufe des dritten Jahrhunderts vor[3]). Der Gebrauch derselben erhielt sich noch im vierten Jahrhundert, wie einzelne Epitaphien, welche das Constantinische Mono= gramm als Symbol neben dem Texte zeigen, beweisen; allein die Bei= spiele sind viel weniger zahlreich[4]).

Auch außerhalb der Hauptstadt finden wir in verschiedenen Theilen des Römerreiches Beispiele dieses Zurufes, welche aber, mit seltenen Ausnahmen, sämmtlich dem vierten und dem Beginn des fünften Jahr= hunderts angehören[5]). Bisweilen ist der Wunsch etwas ausführlicher

---

[1]) De Rossi, Bullettino, 1888/89; tav. V, 5; p. 23.

[2]) Ibid. 1892, p. 94.

[3]) Andere Beispiele aus der Kat. der Priscilla: De Rossi, Bullettino, 1884/85, p. 61; 1886, p. 96. — Aus der Kalixt=Katakombe: De Rossi, Roma sotterr. I, tav. XXIII, 11; II, tav. XLI, 1,28; tav. XLIX, 10, 11; t. III, tav. XX, 41. — Aus dem Cömeterium Ostrianum: Boldetti, Osservazioni, p. 417. — Aus unterirdischen Grabstätten der Via Appia und Via Ardeatina: Marangoni, Acta S. Victorini, p. 116; Boldetti, Osservazioni, p. 417, 418. — Aus einer Kata= tombe der Via Tiburtina: Boldetti, ibid. p. 419. — Aus verschiedenen römischen Cömeterien: Lupi, Epitaphium Severae, p. 193. Perret, Catacombes, V, XVIII, 24; XXXVI, 114; XXXVII, 124; XLI, 3; LXII, 20 bis.

[4]) Vgl. Armellini, Cimitero di S. Agnese, p. 259; Boldetti, Osser- vazioni, p. 340; Fabretti, Inscriptiones, p. 590; Perret, Catacombes, I, pl. XXXII, 4.

[5]) Beispiele aus Porto: De Rossi, Bullettino, 1866, p. 41. — Florenz: Nuovo Bullettino di arch. crist., 1895, p. 120. — Pagliano bei Orvieto: Ebenda, 1896, Seite 115. — In Gallien: Le Blant, Inscriptions chrétiennes

ausgedrückt, wie auf einer Grabschrift des dritten Jahrhunderts aus der Domitilla-Katakombe:

Horineus, semper vivas in Deum. — Herineus, mögest du immer in Gott leben[1]); ähnlich auf einem jetzt im Lateran-Museum (Kl. IX, 5) aufbewahrten Epitaph, welches mit den Worten endet: Semper in D(eo) vivas, dulcis anima[2]).

Ganz eigenartig ist die Formel auf einer Grab-schrift in der Priscilla-Katakombe, indem der Verfasser der Inschrift sich selbst mit einbegreift in dem Wunsche: Ζῶμεν ἐν Θεῷ (mögen wir in Gott leben)[3]).

Außer dieser Form finden sich auch Acclamationen, in welchen statt Gott überhaupt die zweite oder die dritte Person der heiligen Drei-faltigkeit genannt wird, in welcher die abgeschiedene Seele das Leben genießen möge:

Sabine, vivas in ☧. — Sabinus, mögest du leben in Christus — lautet ein römisches Epitaph[4]). Auf einer jetzt im Lateran-Museum (Kl. IX, n. 18) aufbewahrten, aus dem Cömeterium Ostrianum stam-menden Grabschrift ist dieselbe Acclamation bibas (= vivas) in Christo zwischen die Striche eines großen, mit dem Kreuze getheilten Constan-tinischen Monogramms eingeschrieben[5]). Ein griechisches Epitaph aus einer römischen Katakombe enthält die Formel: Ζῇς ἐν Θεῷ κυρείῳ (= κυρίῳ) χρειστῷ (= Χριστῷ) — mögest du leben in Gott dem Herrn Christus[6]). Aehnlich lesen wir auf einer Inschrift aus Porto: (ζῇς) ἐν κ(υρί)ῳ Χ(ριστ)ῷ, — mögest du leben im Herrn Christus[7]). Eine be-sondere Formel bietet die folgende Grabschrift aus einer Katakombe der Via Salaria nova, jetzt im Lateran-Museum (Kl. IX, n. 17): Regina, vibas in Domino Zesu (= Jesu). — Regina, mögest du leben im Herrn Jesus[8]).

Ganz eigenartig ist der folgende Schluß einer Inschrift aus einer Katakombe derselben Straße: Leonine, te in pace. Qui legerit, vivat in Cristu (Christo). — Leoninus, mögest du im Frieden sein. Wer dies liest, möge leben in Christus[9]). Wir haben hier eine Nach-

---

de la Gaule. II, n. 572 (in der Form „vive Deo‟), n. 356. — Pannonia, Stein am Anger: Corp. inscr. lat. III, p. I, nn. 4218, 4220. — Africa: Ebenda VIII, nn. 1015, 8454. — Ephemeris epigraphica, V, p. 381, n. 675.

[1]) De Rossi, Bullettino, 1881, p. 67.

[2]) Wilpert, Cyclus christologischer Gemälde, S. 34 (unvollständig).

[3]) De Rossi, Bullettino, 1890, p. 142. — [4]) Marangoni, Acta S. Victorini, p. 85. — [5]) Boldetti, Osservazioni, p. 344.

[6]) Lupi, Epitaphium Severae, p. 191; vergleiche Perret, Catacombes, V, pl. XXXVIII, 127. — [7]) De Rossi, Bullettino, 1866, p. 41.

[8]) Aringhi, Roma sotterranea, II, p. 345, und oft wiederholt in den epi-graphischen Werken. — [9]) Boldetti, Osservazioni, p. 420.

ahmung jener Zwiegespräche zwischen dem Verstorbenen und den Vorüber=
gehenden, welche auf heidnischen Epitaphien häufig vorkommen. Da jene
Grabschrift aus einer unterirdischen Katakombe stammt, in welche nur
die Gläubigen hinabstiegen, ist der Glückwunsch für den Leser an die
Christen gerichtet, welche durch die Lectüre der Grabschrift an den Ver=
storbenen erinnert wurden. Wir werden unten sehen, wie sich die Gläu=
bigen diese Erinnerung dachten, nämlich als eine Veranlassung, für die
Seele des Verstorbenen ein Gebet zu sprechen; und dieses Gebet wird
hier dem Leser in den Mund gelegt durch den ersten Theil der Accla=
mation: Leonine, te in pace. Zum Dank gleichsam für diese Anrufung
zu Gunsten seiner Seele wünscht dann der Verstorbene: Qui legerit,
vivat in Christo. Wir haben somit in der äußern Form eine Nach=
ahmung eines heidnisch=klassischen Gebrauches, allein in vollständig christ=
lichem Sinn und mit rein christlichem Inhalt.

Die dritte göttliche Person wird erwähnt in der Acclamation einer
Grabschrift aus San Callisto, welche lautet:

Caro Kyriaco, filio dulcissimo, vibas (= vivas) in spirito sancto.
— Dem theuren Kyriacus, dem süßesten Sohne; mögest du leben im
Heiligen Geist [1]).

Doch sind diese Formeln, in welchen Christus und der Heilige
Geist als die Vermittler des ewigen Lebens bezeichnet werden, viel sel=
tener als die zuerst angegebene.

Das glückliche Leben im Jenseits, welches den Verstorbenen ge=
wünscht wird, findet noch andere Bezeichnungen in den altchristlichen
Acclamationen.

Tiburti, vivas in pace — Tiburtius, mögest du in Frieden leben
— lautet ein Epitaph des dritten Jahrhunderts in der Kalixt=Kata=
kombe [2]). In derselben Grabstätte lesen wir auf einer dieser gleichzeitigen
Inschrift den Wunsch: Vibas in eterno — mögest du in Ewigkeit
leben [3]), ein Zuruf, welcher in der Form: Vibe in eterno — Lebe
ewig — bereits auf einer früher an der Appischen Straße gefundenen
Grabschrift vorkommt [4]).

Eine letzte hierher gehörige Formel lautet: Vivas inter sanctos --
mögest du unter den Heiligen leben. Dieselbe bildet den Schluß eines
datirten Epitaphs vom Jahre 268 oder 279 aus einer römischen Kata=

[1]) De Rossi, Roma sott. II, tav. XLI, 20.
[2]) De Rossi, Roma sotterr. II tav. XXXVII, 15. Die gleiche Formel auf
einer Grabschrift bei Boldetti, Osservazioni, p. 420.
[3]) Ebenda tav. XLIX, 28.
[4]) Boldetti, Osservazioni, p. 417.

tombe[1]). Etwa gleichzeitig ist eine Grabschrift in dem ältesten Theile der Kalixt=Katakombe, welche mit den Worten endet: Vivatis inter xantos (= sanctos) — Möget ihr leben unter den Heiligen[2]). Die= selbe Acclamation findet sich auf einer griechischen, vor dem Jahre 392, aber erst im vierten Jahrhundert angefertigten Inschrift: Ζήσῃς μετὰ τῶν ἁγίων — Mögest du mit den Heiligen leben[3]).

10. Zum Schluß dieses Abschnittes stelle ich hier einige Accla= mationen zusammen, welche ganz besondere, von den bisher behandelten abweichende Formeln aufweisen. Auf einer römischen Grabschrift wird Gott angerufen, daß er allein die Seele des verstorbenen Alexander ver= theidigen oder schützen möge:

Solus Deus animam tuam defendad (sic) Alexandre — Gott allein möge deine Seele vertheidigen, Alexander[4]).

Dieser Wunsch beruht auf der Voraussetzung, daß der Seele im Tode oder nach dem Tode Gefahr drohe, und in dieser möge sie Gott zum Vertheidiger haben. Die Gefahr kann keine andere sein, als die ewige Verwerfung, vor der Gott den Verstorbenen bewahren möge.

Eine Inschrift aus Karthago beginnt mit der bis jetzt auf allen in Africa gefundenen Grabschriften einzigartigen Acclamation: Dalmatius, in pace et paradissu — Dalmatius, im Frieden und im Paradies — zu ergänzen: mögest du Aufnahme finden[5]). Diese Inschrift kann noch dem Ende des vierten oder dem Anfang des fünften Jahrhunderts an= gehören. Auf Grabschriften aus späterer Zeit kommen wohl Gebete vor, in welchen der Eingang in das Paradies für die Verstorbenen erfleht wird[6]).

Ein aus einer römischen Katakombe stammendes griechisches Epi= taph schließt mit dem Wunsch: Σώσῃ ὁ θεὸς τὴν ψυχὴν ὑμῶν — Möge Gott eure Seele erretten[7]), — welcher inhaltlich mit der oben angeführten Grabschrift des Alexander verglichen werden kann.

Eigenthümlich ist auch folgende Acclamation einer Inschrift aus Syrakus: Εὐχομένην σε θεὸς στεφ(αν)ώσει — Möge Gott dich, die Bittende, krönen[8]).

---

[1] De Rossi, Inscriptiones christianae I, n. 10. Die Formel lautet: VIBAS INTER SANCTIS IH A . . .; ob nicht statt H ein N zu setzen ist und zu ergänzen: in a(eternum)?

[2] De Rossi, Roma sott. I, tav. XXIII, 9, p. 337.

[3] De Rossi, Inscriptiones I, n. 402: auf der Rückseite einer hier veröffentlichten Inschrift aus dem angegebenen Jahre. — [4] Perret, Catacombes, V, pl. LXXV, 6.

[5] Corp. inscr. lat. VIII, Suppl. n. 13603.

[6] Vergleiche Le Blant in den Comptes-rendus de l'Académie des inscrip- tions, Paris 1888, p. 47; s. unten S. 34.

[7] Marini, Papiri diplomatici, p. 330. — [8] Kaibel, Inscr. graecae, n. 174.

Auf gallischen Grabschriften der spätern Epoche wird sehr häufig die feste Hoffnung ausgesprochen, daß die Seele in Gott (Christus) auferstehen werde. Einmal wird dies in einer Acclamation der verstorbenen Lopa als Wunsch zugerufen: Resorge (= resurge) in Christo — Stehe auf in Christus[1]). Die Bedeutung einer Acclamation hat endlich gleichfalls die Formel: In nomine Christi (Dei) — Im Namen Christi (Gottes) —, mit welcher bisweilen altchristliche Epitaphien beginnen oder schließen. Beispiele aus der constantinischen und vielleicht der vorconstantinischen Zeit bieten die römischen Katakomben[2]). Auf Grabschriften aus einer spätern Epoche kommt der Ausdruck ebenfalls in Italien, Gallien und in Africa vor[3]). Es ist gleichsam ein prägnanter Ausdruck des christlichen Glaubensbekenntnisses, welcher zugleich die Ergebung in den Willen Gottes und die Hoffnung auf die Erfüllung der Verheißungen ausdrückt, welche sich an jenes Bekenntniß knüpfen.

B. Gebete zu Gott für die Verstorbenen.

An Stelle der kurzen Zurufe an den Verstorbenen oder der Wünsche für sein Wohl, welche die bisher behandelten Acclamationen enthalten, finden wir auf Grabschriften der ersten christlichen Jahrhunderte häufig wirkliche Gebete zu Gunsten der hingeschiedenen Seelen. Dieselben werden entweder an Gott oder an Christus gerichtet und erflehen in verschiedenen Ausdrücken die Hülfe, den Schutz Gottes für die Verstorbenen.

1. Die einleitenden Worte der liturgischen Gedächtnißgebete für Todte in der griechischen wie in der lateinischen Liturgie lauten fast regelmäßig: Μνήσθητι κύριε, Memento Domine (Gedenke, o Herr). Auf den griechischen Inschriften lesen wir nun diese Formel häufig in den kurzen Gebeten, welche die ältern christlichen Grabschriften aufweisen; auch in Rom finden sich Beispiele aus dem dritten und vierten Jahrhundert. Um so auffallender ist, daß auf lateinischen Inschriften überhaupt das „memento" kaum vorkommt. Die der griechischen Formel entsprechende Ausdrucksweise scheint eher „in mente habere" gewesen zu sein. Letztere steht in einer leider fragmentirten Inschrift des dritten Jahrhunderts in der Kalixt-Katakombe; es scheint jedoch kein Gebet für

---

[1]) Le Blant, Inscr. chrét. II, p. 80, n. 418.

[2]) Lateran-Museum, cl. VIII, nn. 1—4; vgl. de Rossi im Triplice omaggio, p. 115.

[3]) Corp. inscr. lat. XI, 2899. — Le Blant, Inscr. chrét. de la Gaule, I, p. 107, n. 49; II, p. 147, n. 436. — Ephemeris epigrafica, V, p. 360, nn. 591, 592.

den Verstorbenen, sondern mehr eine Bitte des Verstorbenen selbst ge=
wesen zu sein, daß man seiner eingedenk sei [1]). Ein sicheres Beispiel der
Verwendung des Ausdruckes als Acclamation auf einer lateinischen In=
schrift des dritten oder vierten Jahrhunderts in Rom kann ich nicht an=
führen. Wohl aber findet sich die griechische Formel in verschiedener
Weise angewendet in Gebeten der römischen Inschriften aus dieser
Zeit. Die Aufschrift eines Sarkophags im Lateran=Museum (Abtheilung
der Inschriften, Kl. IX) beginnt mit den Worten: Μνησθῆ ὁ θεός
Εἰγενιῆς (Möge Gott der Eugenia gedenken) [2]). Ausführlicher ist die
Bitte ausgedrückt auf dem Epitaph eines Aurelianus aus Paphlagonien,
welcher in einem unterirdischen Coemeterium Roms beigesetzt wurde, und
das noch dem Ende des dritten Jahrhundert angehören kann. Der
Schlußsatz desselben lautet: Μνησθῆ αὐτοῦ ὁ θεὸς (ε)ἰς τοὺς αἰῶνας.
— Möge Gott seiner in Ewigkeit eingedenk sein [3]). An Christus gerichtet
ist die Bitte auf einer merkwürdigen Inschrift aus dem Anfange des
vierten Jahrhunderts in der Domitilla=Katakombe. Der erste Theil des
Textes ist in lateinischer Sprache mit griechischen Buchstaben geschrieben;
daran schließt sich folgendes Gebet: Μνησθῆς Ἰησοῦς ὁ κύριος τέκνον
(der Rest fehlt) — Sei eingedenk, o Herr Jesus, (unseres?) Kindes [4]).
Außerhalb Roms treffen wir im Abendlande Beispiele dieser Bitte in
Aquileja [5]) und besonders in Sicilien [6]). Hier lesen wir auf einem
Epitaph z. B. folgende Formel: Ὁ θεὸς μνήσθητι τοῦ δούλου σου
Αὐξανόντος — Gedenke, o Gott, deines Dieners Auxanon [7]). Auch in
der Folgezeit erhielt sich in Ländern griechischer Zunge der Gebrauch
dieses Gebetes, welches, der Entwicklung der altchristlichen Epigraphik
entsprechend, entweder erweitert oder mit andern Gebetsformeln der
spätern Zeit verbunden wurde. Als Beispiel aus dieser Epoche sei bloß
folgender Passus einer Grabschrift aus Syrakus angeführt: Μνήσθητι

[1]) De Rossi, Roma sotterr. II, p. 19. Ueber den Gebrauch der Formel in
den „graffiti“ der Papstgruft in S. Callisto s. Kraus, Roma sotterr. 2. A. p. 150.
Vgl. d. folg. Abschnitt, p. 51, Rénier, Inscriptions d'Algérie, p. 448, n. 3700.
[2]) Ficker, die altchristl. Bildwerke im christl. Museum des Laterans. Leipzig
1890, p. 179. Ein anderes Beispiel bei Fabretti, Inscriptiones, p. 569, n. 127.
[3]) Marangoni, Acta s. Victorini, p. 72 und in vielen andern epigraphischen
Werken.
[4]) Marangoni, Delle cose gentilesche, p. 463. Genaues Facsimile bei Wil=
pert, Cyclus christologischer Gemälde, Taf. IX, 2.
[5]) Gregorutti, Lapidi di Aquileja, I, p. 221, n. 748.
[6]) Vgl. V. Strazzulla, Studio critico sulle iscrizioni cristiane di Siracusa.
Siracusa 1895, p. 77 seq.
[7]) Carini, im Archivio storico siciliano 1876, p. 7. — Vgl. eine Inschrift
des fünften Jahrh. in Corp. inscr. graec. IV, n. 8618.

ὁ ϑ(εὸ)ς τῆς δούλης σου Χρύσιδος καὶ δὸς αὐτῇ κώραν φωτ(ε)ινὴν, τόπον ἀναψύξεως εἰς κόλπους 'Αβραὰμ, 'Ισαὰκ κ(αὶ) 'Ιακώβ. — Gebenke, o Gott, beiner Dienerin Chryſis, und verleihe ihr die himm= liſche Seligkeit, den Ort der Erquickung im Schooße von Abraham, Iſaak und Jacob ¹). — Ein Epitaph aus Alexandrien aus dem Ende des vierten oder dem fünften Jahrhundert beginnt mit der Acclamation: Κύριος μνησϑ(ε)ίη τῆς κοιμήσεως Θεοδότης. — Der Herr ſei eingedenk des Heimganges der Theodote ²). In Aegypten erhielt ſich das „me- mento“ in den längern Gebeten auf mehrern Epitaphien aus dem Aus= gange des chriſtlichen Alterthums ³).

2. Prägnanz und Kürze des Ausdruckes ſowie die Verwendung be= ſtimmter Formeln von antikem Beigeſchmack bilden die charakteriſtiſchen Merkmale der Acclamationen und Gebete auf den chriſtlichen Grab= ſchriften der vorconſtantiniſchen Zeit. Nur ausnahmsweiſe treffen wir in derſelben Epoche längere Gebetsformeln, die jedoch in ihren Wen= dungen und in ihrer Ausdrucksweiſe ein von den Epitaphien der nach= conſtantiniſchen Zeit verſchiedenes Gepräge haben. Dies entſpricht der ganzen genetiſchen Entwicklung der altchriſtlichen Epigraphik. Eine der intereſſanteſten Grabſchriften der ältern Zeit in dieſer Beziehung befindet ſich noch an ihrer urſprünglichen Stelle im Hypogäum der Acilier in der Priscilla=Katakombe. Fundort, Inhalt und Stil des Textes weiſen dieſelbe, wie de Roſſi nachweist, unbedingt der vorconſtantiniſchen Zeit zu. Dieſelbe lautet:

Ὁ πατὴρ τῶν πάντων, οὓς ἐποίησης καὶ παρελάβης Εἰρήνην, Ζόην καὶ Μαρκέλλον. Δόξα σοι ἐν Χριστῷ.

In dem Texte muß etwas ergänzt werden, da die Accuſativform der Namen und das Fürwort οὓς nicht in gleicher Linie von den Verben abhängig ſein können. Entweder muß man alſo das καὶ disjunctiv nehmen und die Namen der Verſtorbenen von παρελάβης abhängig machen, oder man muß vor den Namen das letzte Verbum wiederholen. Letztern Ausweg wählte de Roſſi; er überſetzt: O pater omnium, quos creasti et assumpsisti, (assume tecum) Irenem, Zoen et Marcellum. Gloria tibi in Christo ⁴) Wilpert wählte den andern Ausweg, indem er, mit Berückſichtigung des nach dem Texte ſtehenden ſymboliſchen Bildes des Ankers in folgender Weiſe überſetzt: „Vater des Alls, nimm zu dir Irene, Zoe und Marcellus, denn ſie ſind deine Geſchöpfe. Dir

¹) Kaibel, Inscr. graecae, n. 189.
²) Revue archéologique, 1887, p. 200; vgl. Corp. inscr. graec. IV, r. 9110.
³) Beiſpiele in Corp. inscr. graec., IV, 9118, 9119.
⁴) De Rossi, Bullettino, 1888/89, p. 30, seq.

sei Ehre in Christus, unserer Hoffnung[1]). Der Sinn bleibt in jedem Falle derselbe, und er ist vollständig klar: Wir haben ein förmliches Gebet zu Gott dem Schöpfer, in welchem die Gläubigen, mit Berufung darauf, daß die drei Verstorbenen, die in dem Grabe ruhten, Gottes Geschöpfe waren, nun auch um eine gnädige Aufnahme ihrer Seele nach dem Tode bitten. Die hinzugefügte Doxologie, von sehr alter Form und offenbar aus der Zeit vor der Verbreitung des Arianismus stammend, nimmt ein besonderes Interesse in Anspruch. Ueber die älteste Form der Doxologie in der römischen Kirche sind wir wenig genau unterrichtet[2]); nun haben wir hier den Wortlaut einer jedenfalls der vorconstantinischen Zeit angehörigen Lobpreisung Gottes in Christus. Diese ist offenbar der Liturgie entnommen, und daraus können wir mit größter Wahrscheinlichkeit schließen, daß auch die Gebetsformel nicht nur Anklänge an die liturgischen Gebete für die Verstorbenen enthält, sondern wohl wörtlich ein solches Gebet wiedergibt. Auf diese Frage werden wir unten näher eingehen.

Etwas jüngern Datums, aber jedenfalls nicht der nachconstantinischen Zeit angehörig, ist die nachstehende, aus einer römischen Katakombe stammende Inschrift, welche die Bitte um den ewigen Frieden für die abgeschiedenen Seelen in einer längern Formel ausspricht. Die Marmorplatte war leider unvollständig, und de Rossi ergänzt den Text in folgender Weise:

(Hic dormiunt?) Innocentia et Victoria. (Det illis au)tem Deus et Dominus (Jesus ☧ pace)m aeternalem[3]). — Hier ruhen Innocentia und Victoria. Möge ihnen aber unser Gott und Herr Jesus Christus den ewigen Frieden verleihen.

Auch diese Gebetsformel ist bisher auf keinem andern Epitaph nachgewiesen worden. Dieselbe unterscheidet sich wieder von den größern und wortreichern Epitaphien, welche mit der zweiten Hälfte des vierten Jahrhunderts in Uebung kommen, und in denen wir später auch bisweilen Gebete finden, allein von anderm Charakter als die beiden vorhergehenden, die noch vollständig das Gepräge der vorconstantinischen christlichen Epigraphik an sich tragen. Dies zeigt der Vergleich dieser beiden Gebete mit dem folgenden, welches durch zwei römische Grabschriften bezeugt ist, die beide etwa der Mitte des vierten Jahrhunderts angehören. Eine wurde dem Florentiner Buonarruoti geschenkt und von

---

[1]) Wilpert, Fractio panis, p. 51, n. 1.
[2]) Vgl. Kraus, Art. Doxologie in der Realencyclopädie der christl. Alterthümer, l, p. 577, seq.
[3]) De Rossi, Bullettino, 1892, p. 150.

ihm veröffentlicht[1]); die andere befindet sich jetzt im Lateran=Museum
(Kl. IX, 34). Beide Exemplare sind nur in Bruchstücken erhalten, aber
glücklicherweise ergänzen sie sich gegenseitig. Um das Verhältniß der
beiden Texte klar zu machen, gebe ich die Worte, welche nur in dem
nach Florenz gebrachten Exemplar stehen, ohne Klammern, die Worte,
welche das Fragment im Lateran enthält, in runden, und die beiden
gemeinsamen Theile in eckigen Klammern. Das Gebet lautet, mit Weg=
lassung der übrigen Theile des Textes: Domine qui de[disti o]
(mnibus at)[cersitio]nem, suscipe animam (Bonifati per) [sanctum
nom](en tuum)[2]). Das Wort accersitio (arcessitio, accersio) wurde
im dritten Jahrhundert schon besonders von den Christen gebraucht, um
den Tod, die Aufnahme durch Gott zu bezeichnen, wie u. a. eine Stelle
bei Cyprian beweist, in welcher es in demselben Sinne vorkommt wie
in unsern Inschriften[3]). Wir können demnach übersetzen: O Herr, der
du alle zu dir berufst, nimm auf die Seele des Bonifatius wegen
deines heiligen Namens. Der Umstand nun, daß dasselbe Gebet wört=
lich in zwei ganz verschiedenen Epitaphien vorkommt, beweist, daß es
nicht erst für eines derselben verfaßt wurde; denn der Inhalt ist zu
allgemein, als daß man annehmen könnte, einer der Texte sei von dem
andern copirt worden. Beide Formeln gehen somit auf eine gemeinsame
Quelle zurück, und dies ist offenbar wieder keine andere, als ein in der
römischen Liturgie gebrauchtes Gebet für die Verstorbenen.

Eine wohl der Liturgie entnommene Gebetsformel enthält der An=
fang eines Epitaphs aus der Katakombe des Calixtus, das sich jetzt im
Lateran=Museum (Kl. XVII, 14) befindet. Es beginnt nämlich mit den
Worten: Domine, ne quando adumbretur spiritus Veneres[4]). Die
adumbratio ist offenbar ein Gegensatz zu dem „Lichte", in welchem die
Seelen der Gerechten ihren Aufenthalt haben, und die Bitte hat fol=
genden Sinn: O Herr, gib nicht zu, daß die Seele der Venera jemals
die Finsterniß des ewigen Todes umschatte.

Vom Ende des vierten Jahrhunderts an finden sich häufiger längere
Gebete in den Text der Inschriften verflochten. Die Formeln werden
wortreicher und wir finden darin die Ausdrücke, die überhaupt in der
spätern christlichen Litteratur und in liturgischen Gebeten der ältesten

---

[1]) Buonarruoti, Osservazioni sopra alcuni frammenti di vasi antichi di
vetro, Florenz 1716, p. 106. Vorher war sie veröffentlicht durch Fabretti, Inscriptiones, p. 736, n. 475.

[2]) De Rossi, Il Museo epigrafico Pio-Lateranense, p. 122.

[3]) Cyprian, de mortalitate, 20: „. . . ut publice praedicarem, fratres nostros
non esse lugendos arcessitione dominica de saeculo liberatos . . ."

[4]) Perret, Catacombes, V, pl. XXV, 48; vgl. Mai, Veter. scriptor. V,
p. 452, n. 6.

Sacramentarien und Euchologien vorkommen. Als Beispiel diene, zum Vergleiche mit den hier behandelten ältern Gebetsformeln, folgende Stelle aus einer Mailänder Inschrift:

Omnipotens Deus, te deprecor ut paradisum lucis possit videre. Patrem et Filium timuit, qui eam suscipi iubent. — Allmächtiger Gott, dich bitte ich, daß sie (die Verstorbene) das Paradies des Lichtes sehen möge. Den Vater und den Sohn hat sie gefürchtet, welche sie auf= zunehmen (in den Himmel) befehlen [1]).

3. Einen andern Charakter als die vorhergehenden Gebete haben die Bitten und Anrufungen, welche bisweilen in metrische Inschriften der vorconstantinischen Zeit eingeflochten wurden. Hier finden wir nicht mehr den engen Anschluß an gebräuchliche Formeln der Liturgie, son= dern Nachahmungen oder wörtliche Wiederholungen klassischer Dichter sowie eigene Compositionen christlicher Verfasser, welche sich an uralte, in das zweite Jahrhundert hinaufreichende didaktisch=symbolische Gedichte anlehnen [2]). Als die lehrreichsten Beispiele dieser Art von Anrufungen können wir zwei abendländische Epitaphien anführen, die beide der vor= constantinischen Epoche angehören: die in griechischer Sprache verfaßte Pektorios=Inschrift aus Autun in Frankreich und ein lateinisches Frag= ment aus einer römischen Katakombe. Die Pektorios=Inschrift [3]) besteht aus zwei Theilen. Der erste umfaßt drei Distichen, in welchen die heilige Taufe und die heilige Eucharistie in mystisch=symbolischen Ausdrücken geschildert werden; daran schließt sich die Aufforderung, den „Ichthys“, d. h. Christus im eucharistischen Mahle [4]), mit Verlangen zu essen. Der zweite Theil umfaßt fünf Hexameter, von denen die beiden ersten ein sehr ausdrucksvolles Gebet enthalten, die drei folgenden um die Für=

---

[1]) Corp. inscr. lat., V, p. II, n. 6218; vgl. ebenda n. 7792; B. X., n. 4530. — Griechische Grabschriften mit sehr ausführlichen, für die Kritik der griechischen Eucho= logien wichtigen Gebeten bieten Corp. inscr. graecarum IV, n. 9120, 9121; Revue archéologique, 1883, p. 203—205.

[2]) Vgl. P. Batiffol, Anciennes littératures chrétiennes: la littérature grecque, Paris 1897, p. 111 ff. — De Rossi, Inscr. christianae II, P. I, Introductio.

[3]) Vgl. Le Blant, Inscriptions chrétiennes de la Gaule, I, p. 8 n. 4 und die dort angegebene Litteratur. Dazu Pohl, Das Ichthysmonument von Autun, Dissert., Berlin 1880.

[4]) Es ist bekannt, daß der griechische Name des Fisches in folgender Weise als Akrostichon seit dem zweiten Jahrhundert gelesen wurde: Ι(ησοῦς) Χ(ριστός) Θ(εοῦ) Υ(ιός) Σ(ωτήρ), Jesus Christus, Gottes Sohn, Erlöser. — Name und Bild des Fisches waren darum eine symbolische Bezeichnung Christi. Auf den ältesten hierher gehörigen Darstellungen der christlichen Kunst erscheint der Fisch besonders als Symbol des in der Eucharistie genossenen Fleisches und Blutes Christi. — Vergleiche Wilpert, Fractio panis. Die älteste Darstellung des eucharistischen Opfers. Freiburg i. B., Herder 1895.

bitte der Verstorbenen bitten. Auf diese letztern werden wir unten zurückkommen; die zwei andern lauten nach der Ergänzung von Pohl: Ἰχϑύϊ χό(ϱταζ΄)ἆρα, λιλαίω, δέσποτα σῶτεϱ.

Εὖ εὖδοι μ(ή)τηϱ, σε λιτάζομε, φῶς τὸ ϑανόντων.

Mit dem Ichthys sättige nun, ich sehne mich), mein Herr und Heiland.

Sanft schlummre die Mutter, ich flehe Dich an, Licht der Todten [1]).

Pektorios bittet somit zunächst, sei es für sich oder auch für andere, um den Genuß des mystischen Ichthys; oder, nach der in der Note gegebenen Lesart, er wendet sich an Christus, den Herrn und Heiland, mit der Bitte um gnädige Erhörung seines Flehens. Dann fügt er ein Gebet hinzu für seine verstorbene Mutter. Dasselbe ist wieder gerichtet an Christus, der diesmal als das „Licht der Todten" bezeichnet wird. Der Heiland hatte selbst diesen bildlichen Ausdruck von sich gebraucht: „Ich bin das Licht der Welt" (Joh. VIII, 12), und diese Bezeichnung erhielt sich stets in der altchristlichen Litteratur. Wir haben nun ge= sehen (s. oben S. 18), daß auf den christlichen Grabschriften der Auf= enthaltsort der gläubigen Seelen nach dem Tode als ein Ort des Lichtes bezeichnet wird und diese Auffassung auch in einigen Accla= mationen der ältern Zeit ihren Ausdruck gefunden hat. Nichts lag näher, als die Verbindung dieser beiden Auffassungen: Christus ist das Licht, in welchem die abgeschiedenen Seelen im Jenseits ihr übernatür= liches Glück genießen. So ergibt die obige Bezeichnung Christi als des „Lichtes der Verstorbenen" ein neues Element für die Erkenntniß der Bedeutung, welche die Auffassung des Himmels als eines Ortes des Lichtes im Geiste der ersten Christen hatte.

Die römische Grabschrift, deren Anfang unvollständig ist, schließt mit folgenden beiden Versen:

Set pater omnipotens, oro, miserere lab(orum)
Tantorum, misere(re) animae non dig(na) ferentis.

Doch, allmächtiger Vater, ich bitte, erbarme Dich über solche Müh= sal, erbarme Dich der Seele, welche Unverdientes ertrug [2]).

Von dem Wort „oro" ab sind die Verse aus der Aeneis Virgils (II, V. 143 f.) entnommen; nur steht bei Virgil „animi" statt des „animae" unseres Textes. Von den vier ersten Zeilen der Inschrift ist bloß das letzte Wort einer jeden erhalten, so daß eine Ergänzung un=

---

[1]) Le Blant hat folgende Lesart: Ἰχϑὺ χάϱιζον μ᾽ἆρα λιλαίω, usw. — Ich= thys, verleihe mir die Gnade, um welche ich flehentlich bitte.

[2]) De Rossi, Inscr. christianae II, p. I, S. IX; Bücheler, Anthologia latina. Carmina epigraphica, I, p. 349, n. 731.

möglich ist. Aus dem erhaltenen fünften Vers sehen wir, daß ein Vater seinem verstorbenen Sohne die Grabschrift setzte, und die beiden obigen Verse enthalten eine Anspielung auf besonders schwere Leiden, die der Verstorbene zu erdulden hatte. Mit Rücksicht auf diese bittet der Vater zu dem Allmächtigen um Erbarmen. Dieses kann sich nur auf die Seele des Todten beziehen und ist offenbar so zu verstehen, daß wegen der großen und unverdienten Leiden, welche der Verstorbene zu erdulden hatte, Gott um so eher seiner Seele Barmherzigkeit im andern Leben angedeihen lasse. Die Form der Buchstaben und das Wort „*ἰχθύς*" am Schlusse der letzten Zeile bestimmen de Rossi, das Monument in die vorconstantinische Zeit zu verlegen. Wir sehen also, daß nicht erst die spätern christlichen Epigrammendichter mit Vorliebe Sätze aus den Gedichten Virgils für ihre Compositionen benützten.

Die so zahlreichen metrischen Grabschriften des fünften bis siebenten Jahrhunderts enthalten ebenfalls bisweilen, aber sehr selten, Gebete für die Verstorbenen. Auch bei ihnen fällt sofort der große Unterschied zwischen diesen spätern Denkmälern und den Acclamationen und Anrufungen der vorconstantinischen Zeit in die Augen. Folgende Bitte lesen wir in einer langen Grabschrift des sechsten Jahrhunderts aus Gallien:

Sic praesta, Deus, ut quorum sepulcra iunexisti funere tanto,
Eorum facias animas aspectus tui libertate gaudere [1]).

Verleihe, o Gott, daß die Seelen derjenigen, deren Gräber Du in solchem Sterben vereinigt hast, der Freiheit Deines Anblickes sich durch Deine Gnade erfreuen mögen.

Auch in diesem Texte finden sich antike Reminiscenzen, welche in das sonst den liturgischen Formularen sich nähernde Gebet verwoben sind.

Zum Schluß sei hingewiesen auf eine Inschrift zu Ehren von Martyrern in Ostia, deren Heiligthum durch den Bischof Donatus um 400 ausgeschmückt wurde. In dem ersten Vers wird nämlich der heiligen Zosima ein Gebet in den Mund gelegt, das sich an die oben erörterten Formulare anschließt. Derselbe lautet:

,Accipe me', dixit, ,domin(e in tua limina Christe').

Nimm mich auf, sprach sie, o Herr Christus, in Deine Wohnungen [2]).

Das Flehen um Aufnahme in den Ort der Seligkeit findet bereits einen prägnanten Ausdruck in den ältern Acclamationen (s. oben S. 23) und die Bezeichnung des Himmels als der Wohnung des Herrn kommt nicht selten in den metrischen Grabschriften der nachconstantinischen Zeit vor.

---

[1]) Le Blant, Inscr. chrét. II., p. 596, n. 708.
[2]) Bücheler, Anthologia latina. Carmina epigraphica, I, p. 321, n. 681.

C. Gebete zu den Heiligen für die Verstorbenen.

In den eschatologischen Anschauungen der ganzen alten Kirche nehmen die Martyrer, die glorreichen Blutzeugen, welche für das Be= kenntniß ihres Glaubens einen gewaltsamen Tod erlitten hatten, eine be= sondere Stelle ein. Sie erlangten, zum Lohn für ihr treues Bekenntniß, die reichste Fülle der Seligkeit bei Gott und bei Christus. Niemals finden wir in der Litteratur der drei ersten Jahrhunderte den mindesten Zweifel darüber ausgedrückt, daß die Martyrer unmittelbar zum Genusse der definitiven Seligkeit in der Anschauung Gottes zugelassen wurden[1]). Sie waren gleichsam die bevorzugten Freunde Gottes und standen des= halb in einem besondern Verhältniß zu Christus dem Herrn, von wel= chem sie durch ihre Fürbitte auch für andere Gnade und Hülfe erflehen konnten. Deshalb wandten sich auch die Gläubigen in ihren Gebeten an sie, um ihre Intercession bei Gott anzurufen[2]). Aber nicht allein für die noch auf der Erde lebenden Gläubigen, auch für die Seelen der Verstorbenen konnten sie durch ihre Fürbitte von Gott ein gnädiges Urtheil und die Zulassung zu der ewigen Seligkeit erwirken. Daher in der altchristlichen Kunst des dritten und vierten Jahrhunderts die Dar= stellungen der Einführung einer als Orans (Betende) dargestellten Seele in das himmlische Paradies durch Martyrer und Apostel[3]); daher auch die Gerichtsscenen unter den Fresken der Katakomben, auf welchen Heilige, besonders die Apostel Petrus und Paulus, gleichsam als Ver= theidiger der zu richtenden Seele neben Christus dargestellt sind[4]).

Vom zweiten Jahrhundert an finden wir die jährliche Feier des Todestages hervorragender Blutzeugen durch die Gemeinde, welcher sie

---

[1]) Vgl. A tz b e r g e r, Geschichte der christlichen Eschatologie, Freiburg i. B. Herder 1896, an zahlreichen Stellen.

[2]) Die Litteratur, welche durch die Angelegenheit der Abgefallenen in der Decischen Verfolgung entstand, besonders die Schriften des h. Cyprian zeigen deutlich die hohe Werthschätzung des Martyriums und seiner Verdienste. — Vgl. P e t e r s, Der heilige Cyprian von Karthago, S. 143 ff. — Der h. C y r i l l u s von Jerusalem spricht den all= gemeinen Glauben der Kirche aus, wenn er sagt: „Dann gedenken wir auch der bereits Entschlafenen, zuerst der Patriarchen, Propheten, Apostel, M a r t y r e r, daß Gott durch ihre Gebete und Fürbitten unsere Bitte aufnehmen möge." (Catech. mystag. V, c. 9.) Vgl. S c h w a n e, Dogmengeschichte der vornicänischen Zeit, S. 389 ff.

[3]) De R o s s i, Bullettino, 1875, p. 5 ff.

[4]) Vgl. M a x i m u s von Turin, Homil. LXXXI: „Laßt uns in diesem Leben die Martyrer verehren, welche wir im zukünftigen als V e r t h e i d i g e r (defensores) haben können." (Ed. Rom. 1784, p. 263.) — W i l p e r t, Les scènes du jugement sur les peintures des catacombes romaines. In dem Compte-rendu du II. Congrès scientifique intern. des catholiques, Paris 1892.

in ihrem Leben angehört hatten, bezeugt, und im dritten Jahrhundert war der Gebrauch dieser Gedächtnißfeier allgemein. Die Liturgie wurde dabei regelmäßig in der Nähe der Grabstätte des Martyrers abgehalten. Das mußte dazu beitragen, die Verehrung des Grabes und der Ueberreste der Blutzeugen unter den Gläubigen immer mehr zu verbreiten. Die Nähe des Grabes an sich regte ja dazu an, den heiligen Martyrer, dessen Gebeine daselbst ruhten, besonders zu verehren; darum besuchten die Gläubigen, wenn sie einen Heiligen um seine Fürbitte anrufen wollten, mit Vorliebe seine Grabstätte. Schon diese Thatsache des Besuches allein war ein Ausdruck des Vertrauens. Auf diese Weise bildete sich im Volke die Anschauung, daß ein Todter, dessen Leichnam in der Nähe des Grabes eines Martyrers ruhte, der besondern Fürbitte des letztern theilhaftig würde: eine Anschauung, die bisweilen zu Mißbräuchen und abergläubischen Ansichten führte, die jedoch, wenn in der richtigen Weise verstanden, von den kirchlichen Lehrern des vierten und fünften Jahrhunderts gebilligt wurde [1].

Diese kurzen Bemerkungen über die Verehrung und die Anrufung der Martyrer im christlichen Alterthum lassen uns erkennen, in welchem Sinne in den Acclamationen und Gebeten der altchristlichen Epitaphien die Intercession der Heiligen angerufen, die abgeschiedene Seele ihrem Beistande empfohlen wird. Beispiele davon finden sich unter römischen Epitaphien bereits im dritten Jahrhundert; der Gebrauch erhielt sich im vierten Jahrhundert und in der Folge bis zum Ende des Alterthums. Auf einzelnen Inschriften sind die Bitten an die Heiligen überhaupt gerichtet, auf andern wird ein Martyrer insbesondere angerufen. Im letztern Falle wird die Seele des Verstorbenen regelmäßig einem der Martyrer empfohlen, welche in demselben Cömeterium ruhten, in dem auch jener beigesetzt ward.

1. Empfehlungen der Verstorbenen an die Heiligen im allgemeinen finden sich zunächst auf einigen Grabschriften des dritten Jahrhunderts aus römischen Katakomben. Ein von Rom in eine Privatsammlung gelangtes Epitaph lautet:

Paulo filio merenti. In pacem te suscipian(t) omnium ispirita sanctorum. Qui vixit anno(s) II. dies n(umero) L. — Paul dem wohlverdienten Sohne. Mögen die Geister aller Heiligen dich in Frieden aufnehmen. Er lebte 2 Jahre und 50 Tage [2].

---

[1] Vergl. z. B. Paulinus von Nola, De obitu Celsi pueri; Augustinus, De cura pro mortuis; Maximus von Turin, Homilia LXXXI.

[2] De Rossi, Bullettino 1875, p. 19; vergleiche Le Blant, Inscr. chrét. de la Gaule, II, p. 87, Anm. 5, wo zahlreiche Beispiele der Bezeichnung der Heiligen als „spirita sancta" angeführt sind.

Der Stil sowie die durch ein datirtes römisches Epitaph vom Jahre 291 und durch viele andere Inschriften des dritten Jahrhunderts bezeugte Bezeichnung der Heiligen als „spirita sanctorum" weisen das Monument der angegebenen Epoche zu. Die Acclamation, obwohl in Form eines Wunsches ausgedrückt, beweist dennoch die Anschauung, daß die Heiligen der abgeschiedenen Seele eine gute Aufnahme sichern können.

Etwas schwierig ist es, den genauen Wortlaut der folgenden In= schrift festzustellen, weil der Text so viele Fehler aufweist. Dieselbe stammt nach Fabretti aus dem Coemeterium des Castulus, und wird jetzt im Museum auf dem römischen Capitol aufbewahrt; ein Facsimile befindet sich in der Inschriftensammlung des Lateran (Kl. IX, n. 32). Sie lautet in dem Theile, der uns hier interessirt:

Leopardum in pacem cum spirita sancta acceptum eumte abeatis innocinem.

Der allgemeine Sinn ist klar; es ist ein Wunsch oder eine Bitte, der unschuldige Leopardus möge von den Heiligen in Frieden aufge= nommen werden. Man kann jedoch in verschiedener Weise den fehler= haften Text verbessern; der erste Theil bietet keine Schwierigkeit: Leopardum in pacem cum spirit(ibus) sanct(is) acceptum; die fol= genden Worte können gelesen werden: eunte(m) a beatis (von „accep= tum" abhängig) innocentem; oder: eunte(m) (h)abeatis innocentem, oder noch: eum habeatis (die Buchstaben T E = H) innocentem. Die Bedeutung bleibt die oben angegebene, welche von diesen Lesearten auch die richtige ist [1]).

Außerhalb Roms finden wir auf Grabschriften des vierten Jahr= hunderts ähnliche Anrufungen der Heiligen. Auf einem im Schatz der Stiftskirche in Aachen aufbewahrten Pergamentblatt des neunten Jahr= hunderts steht die Copie einer Inschrift aus Spoleto zugleich mit der Abschrift der Grabschrift des hl. Bischofs Spes, dessen Gebeine von Karl d. G. nach Aachen gebracht wurden. Offenbar wurde bei dieser Translation die Abschrift angefertigt und zu den Gebeinen gelegt [2]). Das Epitaph, welches mit dem des h. Bischofs copirt wurde, ist das eines Knaben aus Senatoren=Geschlecht, Tullius Anatolius Artemius, dessen Grab sich wohl neben dem des h. Spes in der Coemeterialkirche von Spoleto befand. Vielleicht ist die Anrufung, mit der die Grabschrift be=

---

[1]) Fabretti, Inscriptiones, p. 574, n. LXI. — Was von verschiedenen ältern Autoren, z. B. Mabillon, Iter italicum, p. 73, über diese Inschrift gesagt wurde, ist zum großen Theile unrichtig.

[2]) Kessel, in den Jahrb. des Vereins von Alterthumsfreunden der Rheinlande, 1868, LXII, p. 86 ff.; vgl. de Rossi, Bullettino, 1878, p. 153, ff.

ginnt, zugleich eine Anspielung auf die Nähe des Grabes jenes Hei=
ligen; sie lautet: Accipite sancti vobis (fr)atrem dignumquo minestrum.
— Nehmet auf, o Heilige, euren Bruder und würdigen Diener[1]). Diese
Bitte kann so gemeint sein, daß die Heiligen, deren Gebeine in Spoleto
ruhten, den Leichnam des verstorbenen Tullius zu sich aufnehmen mögen;
aber auch in dem Sinne, daß sie diesen, ihren würdigen Diener, zu sich
in die himmlischen Freuden aufnehmen. Nach den obigen Bemerkungen
über den Werth, welchen die Gläubigen darauf legten, in der Nähe
eines Martyrgrabes beigesetzt zu sein, schließen sich beide Auffassungen
keineswegs aus. Der Text der Anrufung ist eine Modifikation des
Hexameters: Accipe, sancte, tibi fratrem dignumque ministrum, der
wohl in einem ältern Epigramm stand, welches bei der Abfassung un=
seres Epitaphs benutzt wurde. An ältere Formulare schließt sich eben=
falls das schöne Gebet an, welches den Abschluß einer längern Grab=
schrift aus Aquileja bildet:

Martyres sancti, in mente havite (= habete) Maria(m). — Hei=
lige Martyrer, seid der Maria (der Verstorbenen) eingedenk[2]).

Das „in mente habere" war im dritten und vierten Jahrhundert
in der Sprache der Christen der eigentlich technische Ausdruck für die
Bitte um ein gnädiges Gedenken, sei es von Seiten Gottes oder von
Seiten der Heiligen[3]). In den kurzen Gebeten, welche von frommen Be=
suchern auf die Wände neben dem Eingang zur Papstgruft in S. Callisto
eingeritzt wurden, lesen wir u. a.:

Marcianum, Successum, Severum spirita sancta in mente havete
et omnes fratres nostros. — Heilige Seelen, seid Marcianus, Successus
Severus und all' unserer Brüder eingedenk. — Sante Suste, in mente
habeas in horationes Aureliu(m) Repentinu(m). — Heiliger Xystus,
gedenke in deinen Gebeten des Aurelius Repentinus[4]).

Hier wird die Fürbitte der in der Papstgruft ruhenden römischen
Bischöfe des dritten Jahrhunderts und des h. Xystus insbesondere zu
Gunsten von Lebenden angerufen[5]). In demselben Sinne ist es in un=
serer Grabschrift zu nehmen bezüglich der verstorbenen Maria: die h.
Martyrer, welche in dem Cömeterium in Aquileja beigesetzt waren, werden

---

[1]) De Rossi hat a. a. O. nachgewiesen, daß in dieser Weise zu lesen ist, nicht
„venerabile dignumque ministerium", wie Kessel gelesen hatte.

[2]) Corp. inscr. lat. V, n. 1636.

[3]) S. oben, S. 29 f.

[4]) Kraus, Roma sotterr. p. 150 f., nach de Rossi, Roma sotterr. B. II.

[5]) Der Gebrauch des „in mente habere" in diesem Sinne wird auch durch den h.
Cyprian bezeugt, welcher in einem Briefe die lebenden Bekenner ersucht, sie mögen der
Brüder und Schwestern eingedenk sein: Fratres nostros ac sorores in mente habeatis
in orationibus vestris.

gebeten, sich ihrer zu erinnern, d. h. durch ihre Intercession bei Gott der Seele Hülfe und Gnade zu erwerben. Und da es sich um eine Verstorbene handelt, kann diese Gnade keine andere sein, als die Aufnahme der Seele in die ewige Seligkeit.

2. Zahlreicher sind die Grabschriften, auf welchen ein Heiliger allein und namentlich als Beschützer der abgeschiedenen Seele angerufen wird. Man wandte sich vor allem an diejenigen h. Martyrer, welche in demselben Coemeterium ihr Grab hatten, wo der Verstorbene, der ihrem Schutze empfohlen wird, ebenfalls beigesetzt wurde. Diese Regel wird durch alle hierher gehörigen Inschriften, deren Fundort genau bekannt ist, bestätigt; darum kann man dieselbe als allgemein ansehen und solche Grabschriften, von denen man den Fundort nicht kennt, derjenigen Katakombe zuweisen, in welcher der im Epitaph angerufene Martyrer begraben lag.

Unter den zahlreichen Blutzeugen, welche in der Katakombe des Hermes, an der alten Salarischen Straße, beigesetzt waren, scheint die h. Basilla in besonderm Maße als Patronin von den römischen Christen verehrt worden zu sein. Von den Inschriften, welche in diesem Coemeterium gefunden wurden, bieten nicht weniger als drei Anrufungen, durch welche jener Heiligen die Verstorbenen besonders empfohlen werden. Zwei derselben stammen wohl noch aus dem dritten Jahrhundert oder jedenfalls aus der vorconstantinischen Zeit; sie befinden sich jetzt im Lateran-Museum (Kl. VIII, 16 und 17). Die eine (n. 17) hat folgenden Wortlaut:

Domina Basilla, commandamus tibi, Crescentinus et Micina, filia(m) nostra(m) Crescen(tinam); que viscit men(ses) x et dies . . .[1]) — Heilige[2]) Basilla, wir Crescentinus und Micina empfehlen dir unsere Tochter Crescentina; sie lebte 10 Monate und . . . Tage.

Zu bemerken ist, daß auch die andere der angegebenen Grabschriften (n. 16) die Gruft eines Kindes verschloß. Es hieß Aurelius Gemellus, und die Mutter „bereitete ihrem theuersten, wohlverdienten Sohne die Grabstätte zum Frieden" (mater filio carrissimo benemerenti fecit in pace) und fügte die Bitte hinzu:

Commando Bassila innocentia(m) Gemelli. — Ich empfehle dir, Basilla, die Unschuld des Gemellus[3]).

Als besondern Grund, welcher den verstorbenen Knaben des Schutzes

[1]) Jacutius, de Bonosae et Mennae titulo, p. 51.

[2]) (Eigentlich „Herrin"; dominus und domina waren die besondern Titel für die Martyrer im dritten und vierten Jahrhundert.

[3]) Boldetti, Osservazioni, p. 463; vgl. Perret, Catacombes V, pl. XXIX, 71; de Rossi, Bullettino, 1875, p. 29.

der Heiligen um so würdiger macht, hebt die Mutter hervor, daß er in unschuldigem Alter gestorben ist; und in prägnanter Weise gebraucht sie nicht das Adjectiv, sondern das Substantiv, um diesen Umstand noch schärfer zu betonen. De Rossi erinnert in der unten citirten Stelle bei Gelegenheit dieser beiden Grabschriften an die Verse, welche der h. Paulinus von Nola für das Grab seines im Alter von bloß 8 Tagen verstorbenen Kindes verfaßte, und worin er die Hoffnung ausspricht, daß die Fürbitte der Heiligen, neben deren Grabstätte das Kind zur Ruhe gebettet wurde, den Eltern des letztern zu Theil werde, da das in seiner Unschuld verstorbene Kind derselben nicht bedürfe[1].

Ein dritter in der erwähnten Katakombe von Bosio leider nur als Bruchstück gefundener Grabstein ist sicher spätern Datums als die vorhergehenden und verschloß, nach der Größe zu schließen, die Gruft von Erwachsenen. Die letzten Zeilen drücken die Versicherung aus, daß der Angehörige, welcher das Epitaph setzen ließ, zu Gott und zu der h. Basilla betet, damit die Verstorbenen den ihrem Verdienste entsprechenden Lohn erhalten (so ist offenbar der fehlende Schluß zu ergänzen). Der betreffende Passus lautet:

Serenus flens deprecor ipse (deum . . .) et beata(m) Basila(m), ut vobis pro m(eritis . . .). — Weinend flehe ich, Serenus, zu Gott . . . und zur h. Basilla, daß euch nach euren Verdiensten . . .

Nach der Angabe Bosio's[2] scheint der Grabstein in der unterirdischen, noch erhaltenen Cömeterialbasilika aus dem vierten Jahrhundert gefunden worden zu sein und ist schwerlich älter als die Kirche selbst. Man bemerkt einen gewissen metrischen Rhythmus im Texte, welcher mit der ganzen Ausdrucksweise eher auf das Ende des vierten oder den Anfang des fünften Jahrhunderts als Entstehungszeit hinweist.

In der Katakombe des Praetextatus an der Appischen Straße ruhten die hochverehrten, in dem ältesten Festverzeichniß der römischen Kirche[3] angeführten Martyrer Januarius, Felicissimus und Agapitus. Ersterer war nach den Martyreracten der älteste Sohn der h. Felicitas[4]. Die beiden letztern waren Diakonen der römischen Kirche, welche mit Papst Xystus II. in der Valerianischen Verfolgung den Martertod erlitten[5]. In der prächtig ausgestatteten Grabkammer, in welcher Januarius beigesetzt war, wurde im vierten Jahrhundert in einer Seitennische, mit Zerstörung des dort befindlichen Bildes des guten Hirten, ein

[1] Paulinus Nol., poem. XXXV, de obitu Celsi pueri, vv. 605—614.
[2] Bosio, Roma sotterranea, ed. Rom. 1650, p. 506.
[3] Abgedruckt u. a. bei Kraus, Roma sott., [2] p. 598 f.
[4] Vgl. jedoch Führer, Ein Beitrag zur Lösung der Felicitasfrage, Freising 1890.
[5] De Rossi, Roma sotter. II, p. 87—97.

Loculusgrab angebracht: eines von den vielen Zeugnissen des Verlangens der Gläubigen, in der Nähe der Martyrer zu ruhen [1]). Die Verschluß= platte fehlt; aber die Grabschrift war in dem noch weichen Mörtel, mit dem sie befestigt war, eingegraben worden und ist, mit Ausnahme des Namens des Verstorbenen, erhalten. Dieselbe bestand aus einem an die oben genannten Martyrer gerichteten Gebete, das sich offenbar an den Namen des Verstorbenen mit vorhergehendem „spiritui" oder dgl. an= schloß: . . . mi refrigeri (refrigerent) Januarius, Agatopus, Felicissi- mus martyres. — Die Seele des . . . . mögen die Martyrer Janua= rius, Agatopus (für Agapitus), Felicissimus erquicken.

Die Bitte um Erquickung, welche so häufig in den Acclamationen des dritten Jahrhunderts vorkommt (s. oben S. 15 ff.), wird also hier nicht an Gott, sondern an die Heiligen als die Freunde Gottes gerichtet, wohl in dem Sinne, daß sie durch ihre Intercession bei Gott der Seele die Aufnahme in den Ort der Erquickung (locum refrigerii) sichern mögen.

Dieselbe Form lesen wir auf einer Grabschrift, die Bosio in der Katakombe des Hippolytus fand:

Refrigeri (= refrigeret) tibi domnus Ippolitus Sid(oni). — Möge dir der heilige Hippolytus Erquickung gewähren, Sidonius [2]).

Nicht weit von diesem Coemeterium liegt das der Cyriaca, wo der h. Laurentius, der berühmte Diakon Xystus' II., nach seinem ruhmreichen Martyrium beigesetzt wurde. Eine ebenfalls von Bosio [3]) dort gefundene Grabschrift aus dem Ende des vierten oder dem Anfange des fünften Jahrhunderts beginnt mit den Worten: Sancto marturi Laurentio, (dem h. Martyrer Laurentius), an welche sich unmittelbar der Text des Epitaphs anschließt. De Rossi glaubt, wohl mit Recht wegen der Dativform der Acclamation, daß darin ebenfalls eine Empfehlung des Verstorbenen an den h. Diakon ausgedrückt sei [4]). Er weist dabei hin auf die gleichlautende Widmung an den hl. Januarius (Sancto martyri Januario), welche in der Katakombe von Neapel über dem Bilde dieses Martyrers angebracht ist, neben welchem die zwei im Grabe beigesetzten Verstorbenen dargestellt sind [5]). Der h. Januarius, in der Stellung des Gebetes mit erhobenen Händen abgebildet, erscheint hier als der Patron der Verstorbenen, welcher durch seine Fürbitte ihren Seelen gute Auf=

[1]) De Rossi, Bullettino, 1863, p. 1 ff.

[2]) Bosio, Roma sott. ed. cit. p. 395; vgl. de Rossi, Bullettino, 1882, p. 45. — Zu bemerken ist dieselbe Form des Vulgärlateins „refrigeri" wie in der Inschrift aus S. Pretestato. Der hl. Hippolytus wird „domnus" genannt, wie oben die hl. Basilla „domina".

[3]) Bosio, Roma sott. ed. cit. p. 394. — [4]) De Rossi, Bullettino, 1873, p. 28. — [5]) Garrucci, Storia dell' arte cristiana, II, tav. 102, n. 2.

44

nahme im andern Leben erfleht. Die Verstorbenen, Cominia und Ni=
catiola, sind gleichfalls als Betende (Oranten) dargestellt; vielleicht wollte
der Künstler dadurch zum Ausdruck bringen, was ebenfalls in der Auf=
schrift liegt, daß sie sich der Fürbitte des h. Januarius empfehlen.

Den klaren Ausdruck einer derartigen Empfehlung lesen wir auf
einem jetzt im Museum von Neapel aufbewahrten, aber aus Rom stam=
menden Grabstein, dessen Inschrift mit den Worten schließt:

Sancte Laurenti, suscepta(m) (h)abeto anim(am . . .). — Hei=
liger Laurentius, mögest du aufnehmen die Seele des . . .[1]).

Die Bitte um gnädige Aufnahme der Seele im Jenseits, welche
auf andern Monumenten allgemein ausgesprochen oder an Gott gerichtet
wird, wendet sich hier direct an den h. Martyrer, offenbar in dem
gleichen Sinn, wie die Bitte um Erquickung in den oben erwähnten
Texten an die Heiligen gerichtet ist.

Etwas spätern Datums als dieses Epitaph, nämlich aus dem fünften
Jahrhundert, ist die ziemlich lange Grabschrift eines römischen Archi=
diaconus mit Namen Sabinus[2]). Sie wurde in der ältesten Basilika
des h. Laurentius gefunden, und ist neben der Schrift des h. Augustinus,
de cura pro mortuis, von Wichtigkeit für die Auffassung kirchlicher
Kreise betreffs der Begräbnisse in der Nähe von Martyrergräbern. Der
Diakon sagt nämlich:

Nil iuvat, immo gravat tumulis haerere piorum;
Sanctorum meritis optima vita prope est.
Corpore non opus est, anima tendamus ad illos;
Quae bene salva potest corporis esse salus.

Nichts hilfts, eher beschwert es, nur den Gräbern der Frommen
nahe zu sein; ein frommes Leben bringt uns den Verdiensten der
Heiligen nahe. Nicht dem Leibe nach, sondern der Seele nach muß man
zu den Heiligen hinstreben; ist diese gerettet, wird sie auch den Leib
zum Heile bringen können.

Aehnliches drückt der h. Augustinus im Eingange seines erwähnten
Werkes aus, indem er als Grundbedingung dafür, daß die Fürbitte der
Martyrer einem Verstorbenen nützen könne, aufstellt: „Durch die Art
des Lebens, während man im sterblichen Leibe lebt, erlangt man, daß
jene Dinge (nämlich in der Nähe des Grabes eines Martyrers beigesetzt
zu sein, um seiner Fürbitte theilhaftig zu werden) den Verstorbenen zu
etwas nützen"[3]). Ist diese Voraussetzung erfüllt, so kann wohl die In=

_____

[1]) Mommsen, Inscriptiones regni Neapolitani, n. 6736.
[2]) De Rossi, Bullettino, 1864, p. 33.
[3]) S. Augustinus, De cura pro mortuis, c. 1: „Vitae genere acquiritur,
dum in hoc corpore vivitur, ut aliquid adiuvent ista defunctos."

tercejfion der Heiligen der abgejchiedenen Seele Gnade von Gott erlangen. Dieje Ueberzeugung findet auch in der Grabjchrift des Sabinus ihren Ausdruck. In den beiden letzten Verjen wird nämlich folgende Bitte an den h. Laurentius gerichtet, in dejjen Cömeterialfirche Sabinus ruhte und den er gewiß darum bejonders anruft:

At tu, Laurenti, martyr levita, Sabinum
Levitam angelicis nunc quoque iunge choris.

Du aber, Laurentius, Martyrer, Diafon, vereinige nun auch den Diafon Sabinus mit den englijchen Chören.

Dieje Gebetsformel, welche die Aufnahme in die Chöre der Engel für die Seele des Verftorbenen erfleht, gehört der jpätern Zeit an; jie findet jich nicht in den Injchriften der vier erjten Jahrhunderte, jondern erft in der Epoche des ausgehenden Alterthums[1]). Aber auch die ältern Ausdrücke bleiben während diejer Zeit in Gebrauch bei den an einzelne Heilige gerichteten Anrufungen. Eine früher in S. Praxedis in Rom aufgeftellte Grabjchrift jchloß mit den Worten: Sancti Petri Marcelline, suscipite vestrum alumnum. — Heilige Petrus und Marcellinus, nehmet euern Pflegling auf.

Der Grabftein ftammt, nach de Rojji's Urtheil, aus dem Cöme= terium an der via Labicana, wo dieje beiden Martyrer ruhten[2]). Zum Vergleich jei das folgende, aus Syrien ftammende Epitaph mitgetheilt, in welchem der h. Georg, der im Orient jo hoch verehrte Heilige, an= gerufen wird: Ἅγιε Γεώργιε, προσδέξαι καὶ Σχολαστίκιον τὸν προσενέγκοντα εὐχῶς σου διατήρησον καὶ Κώμητι ἀδελφῷ ἀνάπαυσιν αἴτησον[3]). — Hei= liger Georg, nimm gnädig auf und bewahre durch deine Fürbitte den Scholaftifios, der dies dargebracht hat, und erflehe ewige Ruhe jeinem Bruder Komes.

Die vorher angeführten Anrufungen jcheinen alle in dem Sinne verfaßt zu jein, daß die Fürbitte der Heiligen gleich nach dem Tode der Seele des Verftorbenen von Gott Hülfe und Erquickung erwirken fann. Der h. Cyprian jpricht den Gedanken aus, daß erft beim letzten Gericht die Verdienfte der Martyrer und der Gerechten vor dem gött= lichen Richter fürbittende Kraft erlangen; er jchreibt: „Wir glauben

---

[1]) Damit ift nicht gejagt, daß die Engel nicht erwähnt werden auf Injchriften der ältern Zeit; denn dies ift wohl der Fall, wie z. B. auf einem Grabftein des dritten Jahr= hunderts aus San Callifto bei de Rossi, Roma sotterr. II. tav. XLIII, 39, p. 276; leider ift der Text unvollftändig.
[2]) De Rossi, Bullettino, 1875, p. 30. — Vgl. Le Blant, Inscr. chrét. II, p. 596, wo ebenfalls die Bezeichnung „alumnus" für den Verftorbenen gegenüber jeinem h. Patron jich findet.
[3]) Le Bas, Voyage. Inscriptions III, p. I, p. 480, n. 1981.

zwar, daß die Verdienste der Martyrer und die Werke der Gerechten
viel bei dem Richter vermögen; aber erst wenn der Tag des Gerichts
gekommen sein wird, wenn nach dem Untergang dieser Zeit und der
Welt vor dem Richterstuhl Christi dessen Volk versammelt sein wird" [1].
Die Glaubensüberzeugung, daß die Martyrer durch ihren Zeugentod für
den Glauben besondere Verdienste vor Gott erlangt haben, und daß sie
mit Rücksicht auf dieselben vor Gott für andere Fürbitte einlegen können,
wird hier somit klar ausgesprochen; es ist derselbe Glaube, aus welchem
die Anrufungen der Heiligen zu Gunsten von Verstorbenen hervorge=
wachsen sind. Aber der h. Bischof von Karthago fügt eine Beschränkung
hinzu betreffs der Zeit, wann diese Fürbitte wirksam werden kann. Für
eine ähnliche Auffassung bieten unsere Grabschriften keinen Anhaltspunkt.
Jene Auffassung scheint eher eine Sonderansicht des h. Cyprian zu sein,
welche auf der Anschauung Tertullians beruht, daß die Seelen der Ge=
rechten im Schooße Abrahams die Auferstehung erwarten, bis die Voll=
endung der Dinge mit der Fülle des Lohnes die allgemeine Auferstehung
bewirkt [2].

III. Gebetscharakter der altchristlichen Acclamationen. Aufforderung zum Gebet für die Verstorbenen und Anrufung ihrer Fürbitte.

Wenn man die ganze Reihe der Acclamationen und Gebetsformeln
in's Auge faßt, welche die altchristlichen Inschriften uns aufbe=
wahrt haben, so kann kein Zweifel darüber bestehen, daß diese Zu=
rufe von der ältesten Zeit an den Charakter wirklicher Bitten an sich
tragen, durch welche die Lebenden ihren verstorbenen Glaubensbrüdern
im Jenseits Hülfe zu bringen beabsichtigten. Schon die Wünsche um
Frieden und Erquickung, um Aufnahme unter die Heiligen usw., welche
die Inschriften des zweiten Jahrhunderts enthalten, setzen die Ueber=
zeugung voraus, daß das Gute, welches den abgeschiedenen Seelen ge=
wünscht wurde, auf die Gebete der Gläubigen hin ihnen auch von Gott
gewährt werde. Vollends aber die ebenfalls in den Grabschriften des
zweiten und dritten Jahrhunderts vorkommenden, direct an Gott gerich=

---

[1] S. Cyprianus, de lapsis c. 17 ed. Migne, P. lat. III, p. 480: „Cre-
dimus quidem posse apud iudicem plurimum martyrum merita et opera iustorum,
sed cum iudicii dies venerit, cum post occasum saeculi huius et mundi ante
tribunal Christi populus eius adstiterit."
[2] Vgl. Atzberger, Gesch. der christlichen Eschatologie, S. 304 ff.

teten Bitten für die Abgestorbenen sind nur unter dieser Voraussetzung
begreiflich. Hätte nicht der christliche Glaube in der Seele der Bekenner
des Christenthums die feste Ueberzeugung hervorgebracht, daß sie wirklich
durch ihre Fürbitten den abgeschiedenen Seelen in irgend einer Weise
Hülfe bringen könnten, so wären jene nie auf den Gedanken gekommen,
solche Gebete an Gott zu richten, geschweige denn dieselben so vielfach
und unter so mannichfaltigen Wendungen auf den Grabinschriften anzubringen.

Allein der Gebetscharakter der Acclamationen läßt sich noch durch
andere Beweismittel klarstellen, nämlich durch den Vergleich derselben
mit den allerdings wenig zahlreichen Zeugnissen der Litteratur des zweiten
und dritten Jahrhunderts, besonders aber durch die Zusammenstellung
jener Zurufe und Wünsche mit solchen Inschriften, in welchen die Gläubigen um ihre Fürbitte ersucht werden oder in denen die lebenden Gläubigen ihrerseits ihre verstorbenen Brüder um ihr Gebet anrufen.

1. Von den christlichen Schriftstellern der ältern Zeit sind es besonders Tertullian und Cyprian, welche das Fürbittgebet für die
Verstorbenen mehrfach bezeugen. Ihre Ausführungen beruhen auf derselben dogmatischen Grundlage wie die Gebete, welche wir auf den Inschriften lesen. Zunächst erfahren wir durch Tertullian, daß in der
Zwischenzeit zwischen dem Tod und der Beisetzung der Verstorbenen von
einem Priester Gebete gesprochen wurden, deren Inhalt offenbar kein
anderer war, als Gottes gnädiges Urtheil für die Seele anzurufen. Er
erzählt nämlich, daß bei diesem Gebete eine verstorbene Frau in wunder-
barer Weise die Hände erhoben und so die bei den alten Christen gebräuchliche Stellung beim Gebete eingenommen habe [1]). Aber nicht bloß
die Priester im Namen der Kirche, auch die einzelnen Gläubigen beteten
für die Verstorbenen. Darüber belehrt uns wieder Tertullian in einer
für unsern Zweck sehr wichtigen Stelle; denn er gebraucht darin einen
Ausdruck, den wir in den ältesten Acclamationen finden, indem er von
einer christlichen Wittwe sagt, deren Gatte „in Frieden" vorher gestorben
ist: „In der That betet sie für seine Seele und erbittet unterdessen
für ihn die Erquickung und die Antheilnahme an der ersten Auferstehung, und an den Jahrestagen seines Todes opfert sie" (d. h. läßt
das eucharistische Opfer für ihn darbringen) [2]). Die von Tertullian hin-

---

[1]) Tertullian, de anima, c. 51, ed. Migne, Patr. lat. II, p. 737: „Cum
in pace dormisset et morante adhuc sepultura interim oratione presby-
teri componeretur, ad primum halitum orationis manus a lateribus dimotas in
habitum supplicem conformasse, rursumque condita pace situi suo reddidisse."
Es sei auch auf den Ausdruck „Dormire in pace" hingewiesen, dem wir ebenfalls in den
alten Acclamationen begegnet sind.

[2]) Tertullian, de monogamia, c. 10, ed. Migne, P. l. II, p. 942: „Dic
mihi soror, in pace praemisisti virum tuum? ... Enimvero et pro anima

48

zugefügte Bemerkung, daß eine Wittwe, welche das nicht thut, ihren Mann wahrhaft verstoßen hat, zeigt, wie allgemein die Sitte war. In den Gebeten, welche die Gläubigen für die Verstorbenen an Gott rich= teten, erflehten sie also die Erquickung für die Seele im Jenseits, und gerade das lesen wir ja auch in den Acclamationen des zweiten und dritten Jahrhunderts. So erhellt aus dieser Aeußerung Tertullian's der wirk= liche Wittcharakter der letztern.

In der eben angeführten Stelle erwähnt Tertullian auch die regel= mäßige Darbringung des eucharistischen Opfers für die Verstorbenen an den Jahrestagen des Todes[1]). Der Umstand, daß es von der Wittwe eines gestorbenen Mannes abhängt, ob diese Feier stattfindet, beweist, daß wir darin ein privates Gedächtnißopfer zu sehen haben, welches bloß unter Betheiligung der Verwandten und Freunde des Verstorbenen und etwa der Armen, die an der Todten=Agape theilnahmen, geschah. Der h. Cyprian bestätigt an mehrern Stellen seiner Schriften diese jährliche Darbringung des eucharistischen Opfers zum Gedächtniß der Todten, und es geht aus einzelnen seiner Aeußerungen hervor, daß diese Feier einen besondern Charakter hatte sowie unter größerer Betheiligung der Gläu= bigen stattfand, wenn es der Todestag eines Blutzeugen war: es war alsdann eine officielle Feierlichkeit der christlichen Gemeinde[2]). Ferner erfahren wir durch denselben h. Bischof von Karthago, daß auch bei der Begräbnißfeier selbst das h. Meßopfer dargebracht wurde, und zwar spricht er darüber in einer Weise, daß man erkennt, der Gebrauch war zu seiner Zeit bereits sehr alt. Denn schon vor ihm hatten die afri= canischen Bischöfe als kirchliche Strafe festgesetzt, daß für diejenigen, welche den Vorschriften der Kirche entgegen einen Kleriker zum Vollstrecker des Testamentes und zum Vormund gemacht hatten, das eucha= ristische Opfer bei der Begräbnißfeier nicht dargebracht werden solle[3]).

eius orat et refrigerium interim adpostulat ei et in prima resurrectione consortium, et offert annuis diebus dormitionis eius. Nam haec nisi
fecerit, vere repudiavit quantum in ipsa est."
[1]) Vgl. ebenso Tertullian, de exhortatione castitatis, c. 11, ed. Migne,
P. l. II, p. 920: „pro cuius spiritu postulas, pro qua oblationes annuas reddis"
(für dessen Seele du betest, für den du die jährlichen Opfer darbringst); ähnlich de corona,
c. 3, ed. cit. p. 79.
[2]) S. Cyprianus, ep. 37: „Dies eorum quibus excedunt (nämlich die Be=
kenner) adnotate, ut commemorationes eorum inter memorias martyrum
celebrare possimus" etc.; ep. 34: „Palmas a Domino et coronas illustri passione
meruerunt (die Bekenner), sacrificia pro eis semper, ut meministis, offerimus,
quoties martyrum passiones et dies anniversaria commemoratione
celebramus"; ed. Migne, P. l. p. 328, p. 323.
[3]) Cyprianus, epist. 66, ed. Migne, P. l. p. 399: „Quod episcopi
antecessores nostri religiose considerantes et salubriter providentes censuerunt,

Somit war schon damals, als diese Bestimmung getroffen wurde, der Gebrauch ein alter und in der Kirche allgemein verbreiteter, weil sonst die Unterlassung der Feier nicht als Strafe empfunden worden wäre.

Es unterliegt nun keinem Zweifel, daß diese Aufopferung der Eucharistie für die Verstorbenen, wenn sie nicht zur Gedächtnißfeier von Martyrern geschah, einen fürbittenden Charakter hatte. Die unmittelbare Nebeneinanderstellung des Gebetes für die Verstorbenen und des Opfers in den erwähnten Stellen bei Tertullian weisen darauf hin. Vergleicht man dieselben mit etwas ausführlichern Zeugnissen hierüber aus dem vierten Jahrhundert, so erkennt man sofort, daß der kirchliche Glaube in dieser Beziehung sich vollständig gleich geblieben ist [1]).

Uebrigens läßt sich der Ursprung dieses uralten und allgemeinen kirchlichen Gebrauches in adäquater Weise nur erklären durch die Glaubensüberzeugung, daß durch die Darbringung des Opfers den abgeschiedenen Seelen Hülfe gebracht werden konnte. Wir können somit seit dem zweiten Jahrhundert die kirchliche Tradition constatiren, für die Verstorbenen zu beten und in intercessorischer Absicht das heilige Opfer für sie darzubringen. Wenn dem aber so ist, dann erweist sich der fürbittende Charakter der Acclamationen auf den altchristlichen Grabschriften als der religiösen Ueberzeugung der Gläubigen vollständig entsprechend.

In den Gebeten, welche bei der eucharistischen Feier für die Verstorbenen gesprochen wurden, gedachte die Kirche der abgeschiedenen Seelen. Dies läßt uns im allgemeinen den Inhalt dieser Gebete erkennen; denn nach den obigen Ausführungen waren es gewiß Fürbitten für die Ruhe, den Frieden und die Erquickung der Seelen. Wenn Tertullian von einer christlichen Wittwe sagt, daß sie für die Erquickung (refrigerium) ihres verstorbenen Gatten bete, und gleich darauf das jährliche Gedächtnißopfer erwähnt, so können wir annehmen, daß das Gebet bei dem Opfer einen ähnlichen Inhalt hatte, wie die privaten Fürbitten der überlebenden Wittwe [2]). Es ist nicht zu bezweifeln, daß zwischen den oben besprochenen Formeln der Acclamationen und Gebete auf Grabschriften des zweiten und dritten Jahrhunderts und den liturgischen Gebeten für die Ver-

---

ne quis frater excedens ad tutelam vel curam clericum nominaret, ac si quis hoc fecisset, non offerretur pro eo nec sacrificium pro dormitione eius celebraretur" etc.

[1]) Vgl. besonders Cyrill von Jerusalem, Catech. mystag. V, c. 9, n. 10; Gregor von Nazianz, in laudem Caesarii fratris, oratio VII, ed. Migne I, p. 775; Augustinus, Enchiridion, c. 110, ed. Migne, P. l. XL, p. 283; De cura pro mortuis, c. 18, ed. cit. p. 609; Confessiones lib. IX, c. 12, n. 13, ed. cit. XXXII, p. 777 f.; Sermo CLXXII, ed. cit. XXXVIII, p. 936 f.

[2]) S. oben S. 47.

storbenen ein enger Zusammenhang bestand, wie wir unten noch näher sehen werden. Auch dies beweist wieder den wirklichen Gebetscharakter jener Zurufe und Wünsche, da diese von den Gläubigen offenbar in dem gleichen Sinne gebraucht wurden bei Abfassung der Epitaphien, wie sie dieselben bei der kirchlichen Feier aus dem Munde des Priesters gehört hatten.

So beweist die gesammte christliche Glaubensüberzeugung in Betreff der Hülfe, welche abgeschiedenen Seelen durch Gebet und Opfer gebracht werden konnte, auch den Bittcharakter der Acclamationen.

2. Dieses Ergebniß stimmt vollständig überein mit dem Zeugniß der Grabschriften selbst. Vom zweiten Jahrhundert an finden wir näm=lich Epitaphien, auf welchen theils den Verstorbenen selbst die Bitte um das Gebet der Gläubigen in den Mund gelegt, theils in anderer Form um die Fürbitte ersucht wird. Diese Texte bilden offenbar den stärksten Beweis für den Bittcharakter der Acclamationen, welche gleichsam die Antwort auf jene Aufforderungen sind. Sie beleuchten in der trefflichsten Weise den christlichen Glauben von der Gemeinschaft der Heiligen, ge=mäß welchem die Gebete der Kirche und der Gläubigen den abgeschie=denen Seelen Gutes von Gott erflehen können.

In der Grabschrift, welche Aberkios, höchst wahrscheinlich Bischof von Hieropolis in Phrygien, gegen Ende des zweiten Jahrhunderts für sein eigenes Grab verfaßte, und deren christlicher Ursprung für mich noch immer feststeht[1]), bittet der Verfasser selbst für sich um Fürbitte der Glaubensbrüder in folgenden Worten:

Ταῦθ' ὁ νοῶν εὔξαιθ' ὑπὲρ Ἀβερκίου πᾶς ὁ συνῳδός.

Möge jeder, der mit mir übereinstimmt und diese Worte versteht, für Aberkios beten.

Die Inschrift enthält zahlreiche mysteriöse, mit dem ältesten Sym=bolismus der christlichen Kunst in engem Zusammenhang stehende Aus=drücke über Glaubenswahrheiten und Cultus; darum richtet der Ver=fasser seine Bitte um das Gebet der Gesinnungsgenossen an diejenigen, welche das Vorhergehende verstehen, d. h. an seine christlichen Glaubens=brüder.

Das wichtigste und ausführlichste Zeugniß dieser Art haben uns zwei Inschriften der römischen Priscilla-Katakombe aufbewahrt. Das eine dieser Monumente, das Epitaph der Agape, ist in dem hierher gehörigen Theile bis auf einige leicht zu ergänzende Buchstaben voll=

---

[1]) Die neueste Litteratur über den christlichen oder nichtchristlichen Ursprung der berühmten Aberkiosinschrift s. bei Kaufmann, Die Legende der Aberkiosstele im Lichte urchristlicher Eschatologie. Katholit, 1897, I.

ständig erhalten; von dem andern, der Grabschrift einer Marcia, sind nur einzelne Fragmente aufgefunden worden. Diese ergaben jedoch Buchstaben genug, um erkennen zu lassen, daß dieselbe Aufforderung zum Gebet der Brüder, welche die vier unten folgenden Verse aus dem erstern Epitaph enthielten, hier fast wörtlich, mit Ausnahme des Namens der Verstorbenen, wiederholt waren. Dies legt die Vermuthung nahe, daß der Text nicht erst für eine dieser Grabschriften verfaßt wurde, sondern daß wir darin ein noch älteres, in Rom entstandenes Gedicht oder eine Stelle aus einem solchen vor uns haben, welches über das Gedächtniß der Todten handelte. Dieses wäre eines der ältesten, wenn nicht das älteste uns erhaltene Product der lateinischen christlichen Litte= ratur. Denn beide oben erwähnte Grabschriften gehören, wie der Fund= ort und die Form der Buchstaben mit aller Sicherheit beweisen, noch der ältesten Klasse der Priscillianischen Monumente an, welche etwa aus der ersten Hälfte und aus der Mitte des zweiten Jahrhunderts stammen. Besonders die Buchstaben des Epitaphs der Marcia zeigen den klassischen Typus jener uralten Inschriftenfamilie aus S. Priscilla, von der so zahlreiche Exemplare erhalten sind, daß jeder Irrthum in dem Urtheil über dieselben ausgeschlossen ist. Wenn die oben ausge= sprochene Vermuthung richtig ist, daß nämlich der Text einem noch ältern Gedicht entnommen ist, so wäre dieses ohne Zweifel nicht nach der Mitte des zweiten Jahrhunderts entstanden.

Die vier Verse des Epitaphs der Agape, welche uns hier interes= siren, lauten:

Vos precor, o fratres, orare huc quando veni(tis)
Et precibus totis patrem natumque rogatis,
Sit vestrae mentis Agapes carae[1]) meminisse
Ut Deus omnipotens Agapen[2]) in saecula servet[3]).

Euch bitte ich, o Brüder, wenn ihr an diesen Ort kommet, um zu beten, und in allen (gemeinsamen) Bitten den Vater und den Sohn an= rufet, seid eingedenk, euch der theuern Agape zu erinnern, damit der allmächtige Gott Agape in Ewigkeit bewahre.

Wir ersehen aus diesem wichtigen Text, daß die Christen regel= mäßig die Cömeterien zu besuchen pflegten, sei es an den Jahrestagen der Verstorbenen, um der eucharistischen Opferfeier beizuwohnen, sei es

---

[1]) In der andern Inschrift steht statt dieser beiden Worte: „sanctae animae“.

[2]) Statt dieses Namens hat die andere Inschrift Marcia.

[3]) De Rossi, Bullettino, 1884/85, p. 71—76. Die Marcia=Inschrift ebenda 1886, S. 49—51. Vgl. über das wichtige Monument noch De Rossi, Inscriptiones christ. II, p. I, S. XXX; Wilpert, Fractio panis, p. 59—60.

an andern Tagen, um einzeln oder gemeinschaftlich an den Gräbern der Todten für diese zu beten. Bei dieser Gelegenheit nun, so redet die Ver= storbene selbst die „Brüder" an, mögen die Versammelten auch der Agape gedenken in ihren Gebeten, damit Gott sie in Ewigkeit vor allem Uebel bewahre und sie erhalte. Damit wird der Zweck der Fürbitten für die Verstorbenen angegeben; es geht daraus hervor, daß die Christen der Urkirche im Glauben fest davon überzeugt waren, daß ihre Gebete für die Todten diesen von Gott Gutes verschaffen konnten. Die Aus= drücke „sit vestrae mentis" (in mente habere) und „meminisse" wurden, wie wir oben sahen, in der alten Kirche in besonderm Sinne von der Fürbitte für andere, Lebende oder Verstorbene, gebraucht.

Eine ähnliche Aufforderung, nur in kürzern Worten ausgedrückt, enthielt eine andere, etwas jüngere Inschrift (Ende des zweiten bis An= fang des dritten Jahrhunderts) aus derselben, an epigraphischen Monu= menten so reichen Katakombe. Der Text ist leider nicht ganz erhalten; doch sieht man, daß der Schluß einen an mehrere gerichteten Wunsch enthielt, sie mögen für die abgeschiedene Seele beten, daß sie ewig lebe: ... petatis ... (aetern)um ut vivat in aevum [1]).

Der Vergleich mit den beiden obigen Inschriften läßt uns schließen, daß auch hier die Aufforderung zum Gebet (petatis) an die Glaubens= brüder gerichtet war; und diese sollten durch ihre Fürbitte erlangen, daß die Seele in alle Ewigkeit lebe. Auch dieses Epitaph war in Versen abgefaßt, wie der Schluß einzelner Zeilen beweist.

Jedenfalls noch der vorconstantinischen Zeit gehört eine jetzt im Lateran=Museum (Kl. IX, 10) aufbewahrte Inschrift aus einem der unterirdischen Cömeterien Roms, die uns wieder in andern Wendungen die Aufforderung zur Fürbitte vorführt. Sie lautet:

D. P. — Lucifere co(n)iugi dulcissime omnen dulcitudinem. Cum luctu(m) maxime marito reliquisset, meruit titulum inscribi, ut quisque de fratribus legerit, roget Deu(m) ut sancto et innocenti spirito (= sanctus et innocens spiritus) ad Deum suscipiatur. — Que vixit annos XXII me(n)s(es) n(umero) IIII, dies VI.

Beisetzung. — Lucifera, der süßesten Gattin, alle Süßigkeit. Da sie ihrem Gatten die größte Trauer zurückließ, verdiente sie, daß eine Grabschrift gesetzt werde, damit jeder von den Brüdern, welcher sie liest, Gott bitten möge, daß ihre heilige und unschuldige Seele zu Gott auf= genommen werden möge. Sie lebte 22 Jahre, 4 Monate, 6 Tage [2]).

---

[1]) De Rossi, Bullettino, 1886, p. 52—53.

[2]) De Rossi, Bullettino, 1877, p. 31; Wilpert, Cyclus christologischer Ge= mälde, Taf. IX, 7, S. 50.

Auch dieses Epitaph beweist auf das klarste den Gebetscharakter der altchristlichen Acclamationen. Der seine Gattin überlebende Mann ließ der Verstorbenen die Grabschrift zu dem Zweck setzen, damit dadurch die christlichen Brüder erinnert werden, für ihre Seele zu beten. Das war offenbar nicht eine besondere Auffassung des Gatten der Lucifera; auch andere Gläubigen hatten gewiß, wenn sie ihren verstorbenen Angehörigen ein Epitaph setzen ließen, häufig die Nebenabsicht dabei, daß dadurch das Andenken an den Todten erhalten und so mancher veranlaßt wurde, für die Seelenruhe desselben zu beten.

Solche Gebete nun waren eben jene Acclamationen, welche wir auf so zahlreichen Grabschriften lesen. Diese enthalten somit nicht nur eine indirecte Aufforderung zur Fürbitte für die abgeschiedenen Seelen, sondern legten dem Besucher des Grabes auch die Worte nahe, mit welchen er zu Gott in dieser Absicht flehen sollte.

Außerhalb Roms sind sehr wenige Inschriften erhalten, welche vor dem vierten Jahrhundert entstanden sind. Erst von dieser Zeit an besitzen wir eine größere Zahl von Grabschriften aus den Provinzen. Auch diese Monumente liefern uns Beispiele der Aufforderung zur Fürbitte, während mir aus dem vierten und fünften Jahrhundert in Rom selbst kein Beispiel bekannt ist. Ein gallisches, bei Narbonne gefundenes Epitaph schließt mit den Worten:

Tu q(ui) leges, ora pro (eo). — Du, der du dieses lesen wirst, bete für ihn[1]).

Diese Aufforderung geht von demselben Gedanken aus, wie die vorhergehende: die Grabschrift soll zugleich für denjenigen, der sie liest, eine Aufforderung sein, des Verstorbenen im Gebete zu gedenken. Fast gleichen Wortlaut hat der Schluß eines Epitaphs aus Cumae:

Qui legis, ora pro me. — Der du dies liesest, bete für mich[2]).

Als letztes Beispiel aus der spätern Epoche sei folgende in Campomarini in Italien gefundene Grabschrift angeführt, welche auf einen Ziegelstein eingeritzt wurde:

Depositio benememori Patrici en p(a)ce: tu rogo q(ui) lege(s) ore(s) pro espiritum eius[3]). — Beisetzung des wohlverdienten Patricius in Frieden; dich bitte ich, der du dies lesen wirst, bete für seine Seele.

Diese noch dem Ende des vierten oder dem fünften Jahrhundert angehörigen Monumente zeigen, wie die ältern Formeln, in welchen um die Fürbitte für die Verstorbenen ersucht wird, in den Provinzen

---

[1]) Le Blant, Nouveau recueil d'inscriptions chrétiennes, p. 365, n. 317.
[2]) Corp. inscr. lat. X, n. 3312. — [3]) Ibid. IX, n. 6408.

fich länger erhielten, als in der Hauptstadt. Die Bedeutung ist genau dieselbe: sie entsprangen derselben Glaubensüberzeugung, wie jene rö= mischen Grabschriften des zweiten und dritten Jahrhunderts.

Gegen das Ende des Alterthums treffen wir ebenfalls ähnliche Anrufungen; allein diese bieten andere Formeln und entsprechen dem spätern, von dem ältern völlig verschiedenen Stile der christlichen Epi= taphien [1]).

Es liegt auf der Hand, daß die Acclamationen und Gebetsformeln auf den Grabschriften in directer Beziehung stehen zu diesen Aufforde= rungen zur Fürbitte für die Verstorbenen. Jene sind nichts anderes als die Antwort auf diese; und so ergibt sich aus dieser Beziehung auch für die ältesten Zurufe auf den Epitaphien des zweiten Jahrhunderts, daß sie im Sinne der Gläubigen, welche jene Grabschriften verfaßten, wirklichen Bittcharakter hatten.

3. Die Fürbitte für die Verstorbenen beruht auf der Lehre von der Gemeinschaft der Heiligen, welcher gemäß ein Mitglied der Kirche das Verdienst seiner guten Werke, hier des Gebetes, auch andern Gläubigen, Lebenden oder Verstorbenen, zuwenden kann. Eine weitere Bezeugung dieser christlichen Lehre und damit einen neuen Beweis für den Bitt= charakter unserer Acclamationen bieten jene zahlreichen Inschriften aus den ersten Jahrhunderten, in welchen die Todten ihrerseits angerufen werden, für die Ueberlebenden zu beten und ihnen dadurch Gnaden von Gott zu erlangen. Diese Texte zeigen die Wechselwirkung der gegen= seitigen Fürbitten: die Lebenden beten, im Text der Grabschriften, für die Verstorbenen und erbitten dann ihrerseits wieder die Intercession der abgeschiedenen Seelen. Wie es sich nun bei letztern nur um wirk= liche Gebete, im eigentlichen Sinn des Wortes, handeln kann, so auch bei den Fürbitten für die Verstorbenen, d. h. bei den Acclamationen.

Die „Heiligen" im eigentlichen Sinne, deren Fürbitte bei Gott besondere Kraft von den Christen des Alterthums zugeschrieben wurde, waren, wie wir oben sahen, die Martyrer. Aber auch die übrigen Gläubigen, welche in's Jenseits hinübergegangen waren und „bei Gott" waren, konnten durch ihre Fürbitten Gnaden für ihre noch auf der Erde lebenden Glaubensbrüder erwirken. Diese Ueberzeugung beruhte auf der Hoffnung, daß die in Gemeinschaft mit der Kirche verstorbenen Gläubigen in Gott, in Christus lebten im Jenseits, und deshalb auch für andere bitten konnten. Eine römische Inschrift des vierten Jahr= hunderts gibt diese Ueberzeugung ausdrücklich als Grund der Bitte an:

---

[1]) Beispiele: Corp. inscr. lat. X, 4525. — Bruzza, Iscrizioni antiche Vercellesi, p. 359, n. CLII. — Muratori, Thesaurus, IV, p. 1972, n. 17. — Hübner, Inscriptiones Hispaniae christianae, Nn. 229, 283.

Gentianus fidelis in pace, qui vixit annis XXI mens(ibu)s VII dies XVI; et in orationis (= orationibus) tuis roges pro nobis quia scimus te in Christo[1]). — Gentianus, der Gläubige, im Frieden; er lebte 22 Jahre, 7 Monate, 16 Tage; und in deinen Gebeten mögest du für uns flehen, da wir wissen, daß du in Christus bist.

Auch zahlreiche andere Epitaphien sprechen mit Bestimmtheit die feste Zuversicht aus, daß die Verstorbenen bereits in den ewigen Frieden eingegangen sind und in Christus leben[2]). Von dieser Ueberzeugung aus ersuchten darum die Lebenden in den Grabschriften um das Gebet der abgeschiedenen Seelen.

Die Formeln, in welchen diese Bitten Ausdruck finden, sind sehr mannchfaltig. Auf zahlreichen Inschriften finden sich bloß kurze An-rufungen der Verstorbenen zu Gunsten bestimmter Personen. So lesen wir auf einem dem Ausgang des zweiten oder dem Anfang des dritten Jahrhunderts angehörenden Epitaph aus dem untern Stockwerk von S. Priscilla:

Marine, im (= in) mentem nos habeto duobus et Macriane f(iliae) c(arissimae). — Marinus, erinnere dich an uns beide und an Macriana, unsere süßeste Tochter[3]).

Offenbar sind es die Eltern des verstorbenen Knaben, welche für sich und ihr anderes Kind die Fürbitte jenes anrufen. Wir haben hier wieder ein Beispiel jenes Ausdrucks „in mente habere", den wir schon öfter als technischen Ausdruck der alten lateinischen Inschriften zur Be-zeichnung der Fürbitten gefunden haben. In ähnlicher Weise, aber mit dem in dieser Art von Inschriften am häufigsten vorkommenden Aus-druck „petere" ersuchen die Eltern ihr verstorbenes Kind um sein Gebet auf einem Epitaph, das sich jetzt im Lateran-Museum (Kl. VIII, 18) befindet:

Pete pro parentes tuos (= parentibus tuis). — Bete für deine Eltern[4]).

In andern epigraphischen Texten ist es der Gatte, welcher seine verstorbene Gattin um ihre Intercession anruft, wie z. B. auf dem Epitaph einer Felicitas, welches mit den Worten schließt:

Et pete pro Celsinianu co(n)iugem. — Und bete für deinen Gatten Celsinianus[5]).

---

[1]) Perret, Catacombes, V, pl. XX, 29; Wilpert, Cyclus christologischer Gemälde, Taf. IX, 4. Sie befindet sich jetzt im Lateran-Museum (Kl. VIII, n. 15).

[2]) Siehe die Beispiele bei Wilpert a. a. O. S. 37 f. — [3]) De Rossi, Bul-lettino, 1892, p. 114. — [4]) Perret, Catacombes, V, pl. XXXIII, 8.

[5]) Ibid. pl. XXVII, 60. Sie befindet sich jetzt im Lateran-Museum (Kl.VIII, 21).

In einer Katakombe der Via Nomentana heißt es in der Grab=
schrift, welche ein Mercurius seiner Gattin Justa setzte, daß diese
Mutter von sieben Kindern geworden sei, von denen sie zwei zurückließ,
und bittet dann:
Tu po(te) pro eos. — Bitte du für sie[1]).

Oft rufen die Angehörigen des Verstorbenen, welche diesem das
Grab bereiteten und davon in der Inschrift, mit Hinzufügung ihrer
Namen, Erwähnung thun, jenen um seine Fürbitte an mit dem Zuruf:
Bete für uns[2]).

Sehr bezeichnend für die Auffassung, welche die Gläubigen von
der Intercession der Verstorbenen hatten, sind die Schlußworte eines
Epitaphs aus der Priscilla=Katakombe:
Εὔχου ὑπὲρ ἡ(μῶν μετὰ τ)ῶν ἁγίων. — Bitte für uns bei den
Heiligen[3]).

Der Verstorbene, dem diese Grabschrift von seinen Eltern gesetzt
wurde, war ein Knabe von zwei Jahren. Jene waren deshalb fest
überzeugt, daß er „bei den Heiligen lebe" im Jenseits, und bitten ihn
darum, im Orte der Seligkeit für die trauernden Eltern zu beten.

Auf einigen Inschriften werden weniger genau bestimmte Bezeich=
nungen gebraucht für diejenigen, welche sich der Fürbitte des Verstor=
benen theilhaftig machen wollen.

Κάρα (wohl = cara), μνημόνευε μου — Theure, gedenke meiner,
lautet ein in den noch frischen Kalk des Verschlusses eines Grabes in
der Priscilla=Katakombe eingegrabener Zuruf[4]). Auf mehreren Inschriften
lesen wir ferner den Zuruf: Pete (petas) pro nobis, ohne daß die=
jenigen irgendwie bezeichnet seien, welchen die Fürbitte gelten soll.
Offenbar sind die Angehörigen, welche die Grabschrift bereiten ließen,
darunter zu verstehen. Ein in den frischen Kalkverschluß eines Loculus=
grabes in der Domitilla=Katakombe eingegrabener Zuruf lautet:
Exuperantia in pace, petas pro no(bis) felix. — Exuperantia in
Frieden, bete für uns, du Glückliche[5]).

Dem fünften Jahrhundert gehört eine gallische Inschrift an, welche
mit dem Zuruf endet: Ora pro nus (= nos, für nobis) — bitte für
uns[6]), wörtlich die heute noch in den Litaneien gebrauchte Bitte. Her=

[1]) Fabretti, Inscriptiones, p. 551, n. 30.
[2]) Vergl. z. B. Perret, Catacombes, V, pl. XLVI, 11; Inscriptiones mo-
nasterii Camald. S. Gregorii, p. 47, n. XIV.
[3]) De Rossi, Bullettino, 1890, p. 143. Die Inschrift gehört dem dritten
Jahrhundert an. — [4]) De Rossi, Bullettino, 1884/85, p. 62, n. 9. — [5]) Bosio,
Roma sotterr., p. 214. — [6]) Le Blant, Inscr. chrét. de la Gaule, II, n. 677
p. 568.

vorzuheben ist, daß auf römischen Inschriften bis zum Ende des vierten
Jahrhunderts immer die Ausdrücke „petere" und „rogare" gebraucht
werden. Beide finden sich vereinigt auf einem Epitaph aus einer Kata=
kombe Roms, auf welchem „die Brüder und Genossen" den verstorbenen
Sabbatius, „die süße Seele", um sein Gebet anrufen:

Sabbati, dulcis anima, pete et roga pro fratres et sodales tuos
(statt pro fratribus et sodalibus tuis) [1]).

Die Anrufungen der Verstorbenen um ihre Fürbitte sind vielfach
vereinigt mit Ausdrücken, durch welche mit Bestimmtheit ausgesagt
wird, daß die Seele in Christus, mit den Heiligen lebe. Wir haben
darin, nach der oben (S. 55) angeführten Inschrift, gleichsam eine
Begründung der an die Verstorbenen gerichteten Bitte zu erkennen. Als
Beispiele seien die beiden folgenden Epitaphien angeführt:

Vincentia in ☧, petas pro Phoebe et pro virginio eius. —
Vincentia in Christus, mögest du beten für Phoebe und ihren Gatten[2]).

Diese Inschrift wurde in der Kalixt=Katakombe gefunden; die fol=
gende stammt aus dem Cömeterium Ostrianum und befindet sich jetzt
im Kircher'schen Museum in Rom:

Διονύσιος, νήπιος ἄκακος, ἔνθαδε κεῖται μετὰ τῶν ἁγίων. Μνήσκεσθε
δὲ καὶ ἡμῶν ἐν ταῖς ἁγίαις ὑμῶν πρ(οσ)ευχα(ῖ)ς, καὶ τοῦ γλύψαντος
καὶ τοῦ γράψαντος. — Dionysius, ein unschuldiges Kind, ruht hier bei
den Heiligen. Erinnert euch auch unser in euren heiligen Gebeten, und
dessen, der die Inschrift einmeißelte, sowie dessen, der sie schrieb[3]).

Der Ausdruck „bei den Heiligen" bezieht sich hier wohl in erster
Linie auf die Martyrer, welche in derselben Katakombe begraben waren,
und die Pluralform „erinnert Euch" richtet sich sowohl an diese, wie
auch an den verstorbenen Dionysius. Vergleichen wir diese Inschrift
mit dem oben (S. 40) angeführten Epitaph, so sehen wir, daß in der
Auffassung der Gläubigen kein wesentlicher, sondern bloß ein gradueller
Unterschied bestand zwischen der Fürbitte der Martyrer und den Ge=
beten, welche die andern in die Seligkeit eingegangenen Gläubigen für
die auf Erden lebenden Glaubensbrüder verrichteten[4]).

Noch häufiger werden in ähnlicher Weise die Anrufungen mit
Acclamationen im eigentlichen Sinne verbunden, und gerade diese Ver=
einigung beweist den Bittcharakter der letztern. Die Angehörigen der

---

[1]) M a i, Vet. script. nova collectio, V, p. 402, n. 8.
[2]) De Rossi, Roma sotterr. II, tav. XLVII, 53, p. 276.
[3]) Marchi, Architettura, p. 104; Perret, Catacombes, V, pl. XLIV, 3;
Wilpert, Cyclus christologischer Gemälde, S. 42.
[4]) Vergleiche auch de Rossi, Bullettino, 1881, p. 65, n. 123; dazu Wil=
pert, a. a. O. S. 41.

58

Verstorbenen erflehen, im Texte des Epitaphs, zuerst das ewige Leben für die abgeschiedene Seele, und dann rufen sie ihrerseits diese um ihre Fürbitte an. Wir finden auf diesen Inschriften dieselben verschiedenen Ausdrucksweisen, welche wir früher kennen lernten.

Verus ☧ ispir(it)um (tuum accipiat) in pace et pet(e) pro nobis. — Der wahre Christus möge deine Seele in Frieden aufnehmen, und bitte für uns.

Mit diesen Worten endet die Grabschrift eines neunjährigen Knaben, Sozon, in einer Katakombe der Salarischen Straße[1]. Aus derselben Gegend stammt eine jetzt im Lateran-Museum (Kl. VIII, 19) befindliche Grabschrift, auf der wir folgenden Zuruf lesen:

Ispiritus tuus bene requiescat in Deo, petas pro sorore tua. — Deine Seele möge wohl ruhen in Gott, bete für deine Schwester[2].

Wie die beiden vorhergehenden, so gehört auch die folgende In-schrift aus der Kalixt-Katakombe etwa der zweiten Hälfte des dritten Jahrhunderts an:

Januaria, bene refrigera et roga pro nos (= nobis). — Janu-aria, erquicke dich wohl und bete für uns[3].

Derselben Klasse gehören folgende zwei schöne Acclamationen auf Epitaphien in der Domitilla-Katakombe an:

Vibas in pace et pete pro nobis. — Mögest du im Frieden leben und bitte für uns.

Αὐγένδε, ζήσαις ἐν κ(υρί)ῳ καὶ ἔρωτα ὑπὲρ ἡμῶν. — Augendus, lebe im Herrn und bitte für uns[4].

Wir haben bereits früher (S. 34) das klassische Gebet erwähnt, mit welchem Pektorius Christus, das Licht der Todten, um eine sanfte Ruhe für seine verstorbene Mutter anruft. Daran schließt er folgende, nicht minder schöne Bitte, die er an seine vor ihm verstorbenen Eltern und Brüder richtet:

Ἀσχάνδιε (πάτ)ερ, τὠμῷ κε(χα)ρίσμενε θύμῳ,
Σὺν μ(ητ)οὶ γλυκερῇ καὶ ἀδελφει)οῖσιν ἐμοῖσιν,
Ἰ(χθ)ύος εἰρήνῃ σέο) μνήσεο Πεκτορίοιο.

---

[1] De Rossi, Bullettino, 1873, p. 71, n. 4.
[2] Perret. Catacombes, V, pl. LXX, n. 5. — Vgl. ähnliche Inschriften bei Marangoni, Acta S. Victorini, p. 119; Boldetti, Osservazioni, p. 418; De Rossi, Roma sotterr. II, tav. XLVII, n. 25, p. 276.
[3] De Rossi, Roma sott. III, tav. XXVIII, 22. Aehnlich eine andere In-schrift bei de Rossi, Bullettino, 1894, p. 145 ss.
[4] Bonetty, Annales de philosophie chrét. IVe. sér. t. IX, p. 111; Perret, Catacombes, VI, p. 182; Wilpert, Cyclus christol. Gemälde, S. 40.

Aschandios, o Vater, meines Herzens Geliebter, sammt der süßen
Mutter und meinen Brüdern, im Frieden des Ichthys gedenke deines
Pektorios [1]).

Auf einigen dieser ältern Inschriften wird eine besondere Meinung
angegeben, in welcher die abgeschiedenen Seelen für die Hinterbliebenen
beten sollen. Von großer Wichtigkeit ist in dieser Beziehung das folgende
römische Epitaph, welches bei den Arbeiten in der Basilica von S. Sa-
bina auf dem Aventin gefunden wurde und aus einem unterirdischen
Cömeterium stammt:

Attice, dormi in pace, de tua incolumitate securus, et pro
nostris peccatis pete sollicitus. — Atticus, schlafe in Frieden, in
sicherm Besitze der Seligkeit, und bete mit Eifer für unsere Sünden [2]).

Die Grabschrift verschloß das Grab eines Knaben, der in unschuldigem Alter gestorben war. Seine Eltern, denn sie sind es offenbar,
welche das Epitaph setzten, wenden sich darum an ihn, da er in sicherm
Besitze der ewigen Seligkeit ist, auf daß er für sie zu Gott bete, und
zwar in der besondern Absicht, um ihnen Vergebung ihrer Sünden zu
erlangen.

Etwas älter als dieses, dem Anfang des vierten Jahrhunderts an-
gehörende Monument ist eine Grabschrift aus einer Katakombe der
Salarischen Straße, welche folgenden Wortlaut hat:

Suti, pete pro nos ut salvi simus. — Sutius, bete für uns, damit wir gerettet werden [3]).

Die Meinung ist wohl in ähnlichem Sinne zu verstehen, wie in
der vorhergehenden Inschrift; denn die Verzeihung der begangenen
Sünden und die Bewahrung vor neuen Fehlern sichern das ewige Heil.

Alle in diesem Abschnitt bisher besprochenen Epitaphien gehören der
Epoche vom Ende des zweiten bis in den Anfang des vierten Jahrhunderts
an. Sie zeigen ohne Ausnahme die kurze und prägnante Ausdrucksweise der Acclamationen im klassischen Stile der ältesten christlichen
Epigraphik. Nicht dem Inhalt, wohl aber dem Ausdruck nach verschieden
sind die Anrufungen in den wortreichen und oft schwulstigen Texten,
welche die meisten christlichen Grabschriften von der Mitte des vierten
Jahrhunderts an so scharf unterscheiden von jener ältern Klasse. Einige
Beispiele lassen sofort den Unterschied klar erkennen.

In einem längern Epitaph aus Rom vom Jahre 380 lesen wir
folgende Bitte, welche an eine Mutter zu Gunsten ihres einzigen Kindes,
das sie zurückließ, gerichtet ist:

[1]) S. die oben S. 34 Anm. 3 citirte Litteratur. — [2]) De Rossi, Bullettino,
1894, p. 58. — [3]) Marangoni, Acta S. Victorini, p. 90.

Pro hac una ora subole, quam superstitem reliquisti. — Für
dieſes eine Kind bete, welches du überlebend zurückgelaſſen haſt[1]).

Aehnliche Anrufungen leſen wir auf den aus den Provinzen, wie
Gallien und Dalmatien, ſtammenden Inſchriften, welche der zweiten
Hälfte des Alterthums angehören[2]).

Auch auf einzelnen Grabſchriften dieſer Epoche wird angegeben, in
welcher Abſicht die Verſtorbenen beſonders um ihre Fürbitte angerufen
werden; doch wird dies ebenfalls viel weitſchweifiger ausgedrückt, als
in jenen ältern Texten. So ſchließt eine ſchwulſtige Lobrede (laudatio
funebris) auf einem fragmentirten, langen Epitaph aus der Mitte des
vierten Jahrhunderts in S. Calliſto mit den Worten:

... carus, orato Dominum tuum, quod (ego) non mereor uni-
ter Dominum (rogare?), ... prestes in orationis tuis, ut possit
amartias meas indulgere. — Theurer, bete zu deinem Herrn, da ich
nicht verdiene, zugleich mit dir den Herrn (anzurufen?) .... ge=
währe durch deine Gebete, daß er möge meine Sünden nachlaſſen[3]).

Viel ſinniger iſt die Bitte, mit welcher Papſt Damaſus die me=
triſche Grabſchrift auf ſeine als Jungfrau geſtorbene Schweſter Irene
ſchließt, obwohl ſie ebenfalls den Stil der ſpätern Zeit deutlich verräth:

Nunc veniente Deo nostri reminiscere virgo,
Ut tua per Dominum praestet mihi facula lumen.

Jetzt, da Gott gekommen iſt (um dich zum himmliſchen Hochzeits=
mahle abzuholen), gedenke unſer, o Jungfrau, damit deine Fackel auch
mir Licht von dem Herrn gewähre[4]).

Dieſes Beiſpiel möge den Abſchnitt beſchließen. Wir haben in dem=
ſelben geſehen, wie von den erſten Zeiten des Chriſtenthums an in Be=
zug auf die Gemeinſchaft der Heiligen die gleiche Glaubensüberzeugung
auf den chriſtlichen Grabmonumenten ihren Ausdruck findet. Aus dieſem
Glauben ſind auch die Acclamationen auf den älteſten Grabſchriften zu
erklären, und es iſt kein Zweifel, daß die Fürbitte für die Verſtorbenen
in denſelben ihren, dem Stil der chriſtlichen Epigraphik jener Epoche
entſprechenden Ausdruck gefunden hat. Die Gläubigen waren überzeugt,

---

[1]) De Rossi, Inscr. christianae urbis Romae, I, p. 133, n. 288. — Eine
ähnliche Anrufung in einer ſehr ſchwulſtigen Inſchrift bei Marini, Atti dei fratelli
Arvali. p. 266.

[2]) Vgl. Le Blant, Nouveau recueil d'inscr. chrét., p. 357, n. 311; Corp.
inscr. lat., III, p. I, n. 2668.

[3]) De Rossi, Roma sotterr. III, p. 243—246. -- Vgl. die Grabſchrift des
Abtes Florentius bei Le Blant, Inscr. chrét. II, p. 245 ff., n. 512.

[4]) De Rossi, Inscr. christ. II, p. I, p. 104. Vgl. de Rossi, Bullettino,
1889, p. 146—153.

daß sie durch ihr Gebet den Verstorbenen helfen konnten und ebenso, daß die Fürbitte der in die ewige Seligkeit aufgenommenen Seelen ihnen Gnaden von Gott erwirken konnten. Beide Arten von Fürbitten sind correlativ; und nur als solche lassen sich die Acclamationen wie die Anrufungen der Verstorbenen und die Bitten um Intercession der Martyrer in ihrem Ursprung und in ihrer Fortentwickelung verstehen. Eine Parallele zu dieser Lehre von der Gemeinschaft der Heiligen bietet das Heidenthum nicht; es ist eine specifisch christliche Glaubenswahrheit, und so sind auch die epigraphischen Formeln, die aus ihr heraus= gewachsen sind, specifisch christliche, ein Product des christlichen Geistes.

IV. Die epigraphischen Gebetsformeln und die liturgischen Gebete für die Verstorbenen.

Von den ältesten Zeiten des Christenthums an fand die Beisetzung der Verstorbenen unter dem Gebet der Kirche und der Darbringung des eucharistischen Opfers statt[1]). Die Sitte wird durch Tertullian und den h. Cyprian als eine althergebrachte und allgemein übliche bezeugt, wie wir bereits mehrfach hervorzuheben Gelegenheit hatten. Es liegt nun auf der Hand, daß der Inhalt der Gebete, welche vom Priester und von den Gläubigen bei der Bestattung und beim Besuche der Cömete= rien verrichtet, und welche bei der eucharistischen Feier für die Todten gesprochen wurden, durch diese besondere Veranlassung bedingt war. Man betete f ü r die Verstorbenen, um ihren Seelen Gnade und Er= quickung im Jenseits von Gott zu erflehen. Tertullian bezeugt wieder ausdrücklich, daß die Empfehlung der abgeschiedenen Seele durch den Priester bei der Darbringung des Opfers geschah. Er ermahnt einen Mann, der nach dem Tode seiner ersten Frau wieder heirathen will, mit folgenden Worten: „Für die Seele deiner verstorbenen Frau betest du, für sie bringst du jährliche Oblationen dar. Und nun wirst du vor Gott stehen mit so vielen Frauen, als du im Gebete empfiehlst, und du wirst für zwei opfern und b e i d e Gott a n e m p f e h l e n d u r c h d e n P r i e s t e r . . . wird dann dein Opfer mit freier Stirne empor= steigen?"[2]) Die vom Priester während der Bestattung der Leiche ge=

---

[1]) Vgl. K r a u s , Realencyklopädie der christlichen Alterthümer, Art. Todtenbestattung, II, S. 874 ff. S. oben S. 46 ff.

[2]) T e r t u l l i a n, de exhortatione castitatis, c. 11: „Pro cuius spiritu postulas, pro qua oblationes annuas reddis. Stabis ergo ad Deum, cum tot uxoribus,
quot in oratione commemoras et offeres pro duabus et c o m m e n d a b i s i l l a s
d u a s p e r s a c e r d o t e m de monogamia ordinatum aut etiam de virginitate

sprochenen Gebete [1]) und die Fürbitte, mit welcher er beim Opfer die
Seelen der Verstorbenen Gottes Huld empfahl, konnten nicht lange Zeit
hindurch dem freien Ermessen jedes einzelnen überlassen bleiben. Es
mußten sich von selbst gewisse Formeln herausbilden, die wohl bald
schriftlich fixirt und regelmäßig bei der liturgischen Feier für die Verstorbenen verwendet wurden.

Tertullian erwähnt, daß eine Wittwe für ihren verstorbenen Mann
die „Erquickung" und „die Theilnahme an der ersten Auferstehung" erfleht [2]). Dieselben Ausdrücke finden wir in den ältesten liturgischen Gebeten der Sacramentarien, und diese wörtliche Uebereinstimmung ist
kaum zufällig [3]). In ähnlicher Weise findet sich die Formel: „Gott gebe
euch Loos und Antheil mit seinen Heiligen", welche in den alten Li-
turgien vorkommt, bereits in dem Briefe des h. Polykarp an die Phi-
lipper (c. 12) und in dem Martyrium dieses h. Bischofs (c. 14) im
zweiten Jahrhundert vor. Es ist kaum zu bezweifeln, daß wir darin
eine sehr früh fixirte liturgische Formel zu sehen haben [4]).

Nachdem bestimmte Gebetsformeln für die Fürbitten zu Gunsten
der Verstorbenen sich einmal in der Liturgie festgesetzt hatten, gingen sie
von selbst in den Sprachgebrauch der Gläubigen und damit auch in den
Text der Grabschriften über. Den directen Einfluß der Liturgie zeigen
mehrere unter den besprochenen epigraphischen Texten. Das „Amen" auf
dem Epitaph des Silvanus (oben S. 13) ist gewiß eine liturgische Re-
miniscenz. Auch die Doxologie: „Ehre sei dir in Christus", mit welcher
die uralte Grabschrift der Irene und ihrer beiden Glaubensgenossin
schließt, weist nicht minder bestimmt auf die liturgischen Gebetsformeln
hin (s. oben S. 31). Wenn dem aber so ist, dann steht nichts der
Annahme entgegen, daß die Bitte um gnädige Aufnahme der abgeschiedenen Seelen, welche im Epitaph an Gott gerichtet wird, ebenfalls der
Liturgie entnommen ist. Bei einzelnen von den angeführten längern
Gebeten für die Verstorbenen zeigt die Form selbst solche Aehnlichkeit
mit den liturgischen Gebeten der ältesten Sacramentarien, daß jene ge-

---

sancitum, circumdatum virginibus ac univiris; et ascendet sacrificium tuum
libera fronte, et inter caeteras voluntates bonae mentis postulas tibi et uxori
castitatem?"

[1]) Tertullian, de anima c. 51.

[2]) Tertullian, de monogamia, 10: „Enim vero et pro anima eius orat
et refrigerium interim adpostulat ei et in prima resurrectione consortium." S. oben S. 47.

[3]) Das „refrigerium" findet sich so häufig, daß es unnöthig ist, hier besondere
Beispiele anzuführen. Für die „prima resurrectio" vgl. Sacram. Gelasianum, ed.
Muratori, Opp. Arezzo 1772, t. XIII, p. II, p. 418, 420, 421.

[4]) Vgl. Wilpert, Fractio panis, p. 57.

wiß unter dem Einflusse der Liturgie entstanden sind. So besonders die oben S. 32 ff. besprochenen Beispiele. Der Umstand, daß das mit „Domine qui dedisti omnibus accersitionem" beginnende Gebet auf zwei verschiedenen Grabschriften wörtlich wiederholt ist, legt den Schluß nahe, daß wir darin eine feststehende Formel haben, welche im vierten Jahrhundert zur Abfassung des Textes jener Grabschriften verwendet wurde[1]). Es ist ohne Zweifel ein altes liturgisches Gebet pro defunctis, welches in die spätern Sammlungen der römischen Liturgie nicht mehr aufgenommen ward. Auch das Gebet: Domine, ne quando adumbretur spiritus schließt sich durch die feierliche Anrede an Gott offenbar an liturgische Formeln an.

Aus der spätern Zeit des Alterthums ließen sich leicht zahlreiche Beispiele der wörtlichen Uebereinstimmung liturgischer Gebete mit den Ausdrücken und Redewendungen der Epitaphien anführen[2]).

Allein die angeführten Texte mögen für unsern Zweck genügen. Es geht daraus hervor, daß die Acclamationen und Gebete altchristlicher Epitaphien häufig mit den liturgischen Gebetsformeln in engem Zusammenhange standen. Welcher Seite die Priorität zuzuerkennen ist, ergibt sich aus den angeführten Beispielen und aus den obigen Bemerkungen von selbst: Die liturgischen Gebete beeinflußten den Text der Epitaphien, nicht umgekehrt. Die Möglichkeit, daß beide von einander unabhängig seien, ist offenbar auszuschließen; denn die Theilnahme der Gläubigen an der Liturgie war im Alterthum eine so rege, daß jene Uebereinstimmung nicht zufällig sein kann.

Wir besitzen nun zwar keine direct überlieferten liturgischen Gebete für die Verstorbenen aus den ersten christlichen Jahrhunderten. Wohl finden sich bei einzelnen Schriftstellern und in Martyracten Anklänge an Formeln der Liturgie; aber die vollständigen Gebete erfahren wir erst durch die liturgischen Bücher des ausgehenden Alterthums, welche in Handschriften auf uns gekommen sind[3]). Die Gebete, welche

[1]) S. oben S. 33.
[2]) Besonders Le Blant hat in seinen Sammelwerken: Les sarcophages chrétiens antiques de la ville d'Arles, Paris 1878, p. XXI ff.; Inscriptions chrétiennes de la Gaule, 2 Bde., Paris 1856 und 1865, und Nouveau recueil d'inscriptions chrét. Paris 1892, an zahlreichen Stellen diese Uebereinstimmung nachgewiesen. Doch handelt es sich in der Regel nicht um Acclamationen, sondern um andere Stellen der altchristlichen Grabschriften.
[3]) Vgl. die Uebersichten von P. Lejay, Chronique de littérature chrétienne, in der Revue d'histoire et de littérature religieuses, II (1897), p. 91 ff., 173 ff., 277 ff.; und von Thalhofer, Handbuch der katholischen Liturgik, I. B. I. Abth., 2 Aufl. von Ebner, Freiburg i. B., 1894, S. 36 ff. Am vollständigsten orientiren im allgemeinen die Werke von Probst, Liturgie der drei ersten christlichen Jahrhunderte, Tü-

uns in diesen ältesten Sammlungen überliefert sind, stammen jedoch vielfach aus älterer Zeit; denn die Reformatoren der Liturgie, im Orient sowohl wie im Abendlande, haben hauptjächlich neue Ordnungen geschaffen, ohne den Inhalt der überlieferten Gebete wesentlich zu ändern. Wenn wir deshalb unter den liturgischen Gebeten für die Verstorbenen, welche in den ältesten Sammlungen erhalten sind, solche finden, die zum Theile wörtlich übereinstimmen mit den Acclamationen und Gebeten der Epitaphien aus dem zweiten, dritten und vierten Jahrhundert, so dürfen wir mit Recht daraus schließen, daß entweder diese Gebete aus jener Epoche stammen oder wenigstens, daß man in jener ältesten Zeit ähnlich lautende Gebete bei der liturgischen Feier für die Verstorbenen gebrauchte. Solche wörtliche Anklänge finden sich nun sehr häufig, und zwar gerade in solchen Gebeten, bei denen der Stil und bisweilen die Bezeugung durch Schriftsteller des vierten Jahrhunderts bereits auf ein sehr hohes Alter schließen lassen. Eine vollständige Zusammenstellung dieser übereinstimmenden Stellen würde über den Rahmen dieser Schrift weit hinausgehen, und man müßte dazu nicht bloß die Acclamationen, sondern auch den übrigen Text der altchristlichen Grabschriften heranziehen. Ich will deshalb bloß mit einigen Beispielen das Gesagte beleuchten.

Eines der ältesten uns erhaltenen liturgischen Gebete für die Verstorbenen ist ohne Zweifel das Memento im Canon der h. Messe in den römischen Sacramentarien[1]). Ein großer Theil des Canon findet sich fast wörtlich in der Schrift De Sacramentis aus dem Ende des vierten Jahrhunderts; diese Gebete reichen also in ihrem Ursprung noch höher hinauf. Dies bestätigt ein Vergleich zwischen dem Texte des Sacramentarium Gregorianum, welcher fast wörtlich mit demjenigen des heutigen Missale übereinstimmt, und den oben besprochenen Acclamationen. Der Text lautet[2]):

Memento etiam, Domine, famulorum famularumque tuarum qui nos praecesserunt cum signo fidei et dormiunt in somno pacis. Ipsis et omnibus in Christo quiescentibus locum refrigerii, lucis et pacis ut indulgeas deprecamur. — Gedenke auch), o Herr, deiner Diener

---

bingen 1870; die ältesten römischen Sacramentarien und Ordines, Münster 1892; Liturgie des vierten Jahrhunderts und deren Reform, 1893; die abendländische Messe vom fünften bis achten Jahrhundert, 1896.

[1]) Vgl. über die Textgeschichte des Canon Ebner, Quellen und Forschungen zur Geschichte und Kunstgeschichte des Missale Romanum, Freiburg i. B. 1896, S. 594 ff.

[2]) Sacramentarium Gregorianum, ed. Muratori, Opp. ed. Arezzo 1772, tom. XIII, p. II, p. 416. — Vergl. die Adventsmesse im sog. Missale Gallicanum vetus, ed. Muratori, Lit. Rom. II, p. 702.

und Dienerinnen, welche uns vorausgegangen sind mit dem Zeichen des Glaubens und schlafen im Schlafe des Friedens. Ihnen und allen in Christus Ruhenden mögest du gewähren, wir bitten, den Ort der Erquickung, des Lichtes und des Friedens. In dem ganzen Gebete ist fast kein Ausdruck, welcher nicht auf Epitaphien des dritten Jahrhunderts, entweder in Acclamationen oder in andern Textestheilen, vorkommt. Die Bitte um „Gedenken" fanden wir auf mehrern griechischen Grabschriften des dritten und beginnenden vierten Jahrhunderts aus römischen Katakomben. Einige derselben, wie die, der Sirica, bieten einen fast wörtlichen Anklang an den Anfang jenes Gebetes: „Gedenke, Jesus, o Herr, des Kindes . . ." (s. oben S. 30). Ebenso die ersten Worte des Epitaphs: „Gedenke, o Herr, der Eugenia" (s. oben S. 30). Wenn nun auch, wie wir sahen, in den ältern lateinischen Inschriften sich der Ausdruck „in mente habere" findet, so bleibt der Sinn doch vollständig derselbe. Die Bezeichnung praecedere für das Sterben tritt auf römischen Inschriften der Kalixt-Katakombe im dritten Jahrhundert auf[1]), und findet sich auf Epitaphien Süditaliens, Galliens und Africa's im vierten und fünften Jahrhundert wieder[2]). Mit den folgenden Worten des Gebetes cum signo fidei wird die h. Taufe bezeichnet; sie drücken somit aus, daß die Verstorbenen als Christen in das Jenseits eingegangen sind und deshalb im Frieden ruhen. Beide Formeln in somno pacis und cum signo fidei finden sich vereinigt auf einem altchristlichen Epitaph aus Capua, welches jedenfalls vor die Zeit des h. Gregor d. Gr. (+ 604) gehört[3]). Dieses Monument bildet wohl einen Beleg für den Gebrauch dieses Gebetes der römischen Liturgie in Süditalien in der altchristlichen Zeit. Den Wunsch, „in Frieden zu schlafen", haben wir unter den Acclamationen der vorconstantinischen Zeit auf römischen Epitaphien mehrfach und in verschiedenen Wendungen gefunden. Auf einer Inschrift aus Chiusi lesen wir wörtlich: (Dor)miis (= dormis) in ssomno *(sic)* paci(s)[4]) — Du schläfst im Schlafe des Friedens; — und in Rom wie in Ostia wird auf Inschriften der vorconstantinischen Zeit häufig dormire in pace gebraucht. Das „Ruhen in Gott" und die ewige Seligkeit „in

[1]) De Rossi, Roma sott. II, tav. XLVII, 44.
[2]) Vgl. De Rossi, Bullettino, 1877, p. 87 seq.; Corp. inscr. lat. VIII, Nn. 9793 (vom Jahre 345), 9794, 9709, 9751, 9752; Le Blant, Inscr. chrét. de la Gaule, I, n. 277, p. 582 seq., und die dort citirten Beispiele.
[3]) Der Text beginnt: Hic requiescit Successa, c(larissimae) m(emoriae) f(emina), in somno pacis cum signo fidei. — Hier ruht Successa, eine Frau von durchlauchtigstem Andenken (aus Senatorengeschlecht), im Schlafe des Friedens mit dem Zeichen des Glaubens. Corp. inscr. lat. X, n. 8377b.
[4]) Corp. inscr. lat. XI, n. 2579.

66

Christus" wird in den Acclamationen den abgeschiedenen Seelen ge=
wünscht auf Epitaphien des dritten Jahrhunderts (s. oben S. 21 f. und
S. 25 f.). Und was die Ausdrücke refrigerium, lux und pax
angeht, so bilden der erste und der letzte gleichsam die klassischen Be=
standtheile der ältesten Acclamationen christlicher Grabschriften. Be=
sonders das refrigerium findet sich, wie wir sahen, in Rom haupt=
sächlich auf Epitaphien des dritten Jahrhunderts; unter der großen An=
zahl römischer Inschriften der nachconstantinischen Zeit kommen sehr we=
nige Beispiele vor. Da nun, wie oben bemerkt, bei wörtlichen Ueber=
einstimmungen zwischen dem Texte der Grabschriften und der liturgischen
Gebete die erstern von den letztern beeinflußt wurden, so können wir
aus dem angestellten Vergleiche den Schluß ziehen, daß das Memento
für die Verstorbenen unseres Canon oder wenigstens ein ganz ähnlich
lautendes Gebet im dritten Jahrhundert bei der liturgischen Feier der
römischen Kirche in Gebrauch war. Denn so viele wörtliche Anklänge
der Acclamationen jener Zeit an dieses altehrwürdige Gebet können nicht
zufällig sein.

Dazu kommt noch eine andere Erwägung. Im Laufe des zweiten
Jahrhunderts wurde von den christlichen Schriftstellern Roms aus=
schließlich die griechische Sprache gebraucht. Nicht nur die von Orien=
talen und für Christen des Orients verfaßten Briefe und Abhandlungen,
sondern auch von Abendländern für die Römer geschriebenen Werke, wie
der Pastor des Hermas, sind griechisch. Ein sehr großer Bruchtheil
der Grabschriften in den römischen Cömeterien aus dem zweiten und
dem Anfange des dritten Jahrhunderts sind ebenfalls in griechischer
Sprache verfaßt. Es ist deshalb gar nicht unwahrscheinlich, daß man
sich in Rom auch bei der Liturgie im zweiten Jahrhundert der helle=
nistischen Sprache bediente. In diesem Idiom hatten die Apostel ja zu
den Römern gesprochen; in dieser Sprache waren die h. Bücher des
neuen Testamentes fast ohne Ausnahme niedergeschrieben worden.

Am Ende des zweiten Jahrhunderts tritt die christliche Litteratur
in lateinischer Sprache zuerst auf, nicht bloß in Africa, sondern auch in
Rom. Papst Victor (189—199) und vielleicht auch P. Calixtus
(217—222) schrieben lateinisch; von ersterm bezeugt es der h. Hierony=
mus ausdrücklich, ebenso von Apollonius [1]). Aus dem Ende des zweiten
Jahrhunderts stammt die älteste lateinische Uebersetzung der h. Schrift,
die sog. Itala; Tertullian benutzte dieselbe bereits in seinen Werken [2]).

---

[1]) Hieronymus, de viris illustribus, c. 53: „Tertullianus presbyter nunc
demum primus post Victorem et Apollonium Latinus ponitur."
[2]) Vgl. Teuffel=Schwabe, Gesch. der latein. Litteratur, 5. Aufl. Leipzig 1890,
S. 942 f.

Von der Mitte des dritten Jahrhunderts an wurde von römischen Au=
toren nur noch die lateinische Sprache zur Anwendung gebracht. Diese
Beobachtungen legen wohl den Schluß nahe, daß man um die Wende
des zweiten zum dritten Jahrhundert oder etwas später begann, die
feierliche Liturgie in Rom in lateinischer Sprache zu feiern, falls dabei
früher wirklich das hellenistische Idiom gebraucht wurde. Wenn dem so
ist, dann ist es nicht unmöglich, daß wir im Memento unseres Canon
wenigstens Anklänge an jene Gebete haben, welche bei der Liturgie für
die Verstorbenen in jener Zeit aufkamen.

Die Gebetsformeln des Memento und der Acclamationen finden
sich auch in zahlreichen andern Gebeten der ältesten liturgischen Samm=
lungen wieder, sowohl in den Messen und in der Liturgie für die Ver=
storbenen als in andern Theilen der Sacramentarien und Ritualien.
Einzelne Beispiele wörtlicher Uebereinstimmung zwischen Acclamationen
und liturgischen Gebeten mögen hier noch Platz finden.

Die charakteristischen Ausdrücke refrigerium und refrigerare
kehren in einer großen Anzahl von Gebeten wieder, und zwar haupt=
sächlich in den während der eucharistischen Feier gesprochenen Fürbitten[1]).
Besonders sei hingewiesen auf eine Anzahl von Gebetsformeln in den
Messen an Vigilien und an Festen des Herrn und einzelner Heiligen, welche
in dem sog. Missale gothicum erhalten sind[2]). So heißt es in dem
Gebet nach Verlesung der Namen derjenigen, für welche besonders das
Opfer dargebracht wurde (Collectio post nomina), in der Vigilmesse von
Epiphanie: Praesentem itaque oblationem ita inlabere, ut medelam
viventibus, defunctis refrigerium praestet — das gegenwärtige Opfer
möge so aufgenommen werden, daß es den Lebenden Stärke, den Ver=
storbenen Erquickung verleihe. Eine ähnliche Formel lesen wir in der
Fastenmesse (Missa jejunii) in derselben Sammlung[3]). Unter den feier=
lichen Fürbitten an Ostern (Orationes paschales) findet sich auch eine
solche „für die Seelen der Ruhenden“. Schon die Ueberschrift: Pro spi-
ritibus pausantium ist völlig altchristlich und erinnert an uralte For=
meln der christlichen Epigraphik. Nicht minder ist dies der Fall bei
dem Gebete selbst: Jesu Christe, vita et resurrectio nostra dona
(eis) . . . qui in tua pace requiverunt, exoptatae mansionis refrigerium . . . — Jesus Christus, unser Leben und unsere Auferstehung,
gib denen . . . welche in deinem Frieden entschlafen sind, die Erquickung
des ersehnten Aufenthaltes . . .[4]). Auch die Collectio post nomina

---

[1]) Vgl. Sacramentarium Gelasianum, in den Orationes pro defunctis,
bei Muratori, Opp. ed. cit. XIII, p. II, p. 436, 437, 439.
[2]) Muratori, Lit. Rom. vetus, II, col. 541 ff.; vgl. Ebner, Quellen und
Forschungen S. 250. — [3]) Muratori, l. c. col. 573. — [4]) Ibid. col. 589.

in der ersten Messe des Osterfestes enthält in jedem Satze directe An=
klänge an die oben besprochenen Acclamationen, wie man sofort erkennt,
ohne daß es nöthig ist, die Belege im einzelnen anzuführen; es heißt
darin: Tribue etiam per intercessionem sanctorum tuorum caris
nostris, qui in Christo dormierunt, refrigerium in regione vivorum.
— Verleihe auch durch die Fürbitte deiner Heiligen unsern Theuern,
die in Christus entschlafen sind, die Erquickung im Lande der Lebenden [1]).
Aehnliche Formulare bieten die Messen am Feste des h. Johannes des
Täufers, der hh. Cornelius und Cyprianus, sowie diejenige am Feste
eines Martyrers [2]). Das hohe Alter aller dieser Feste, der ganze Cha=
rakter der Gebete und die Sammlung, in welcher dieselben erhalten sind,
beweisen, daß die wörtlichen Anklänge an die Acclamationen der christ=
lichen Grabschriften des dritten und vierten Jahrhunderts nicht zufällig sind.

Auf den alten Epitaphien lesen wir den Wunsch, daß der Seele
des Verstorbenen „das Gute zu Theil werde" (s. oben S. 17). Ein
Gebet der Todtenliturgie fleht: Suscipe, Domine, animam famuli tui in
bonum — Nimm, o Herr, die Seele deines Dieners auf in das Gute [3])
— mit denselben Worten, welche wir in den Zurufen des dritten Jahr=
hunderts gefunden haben.

In dem sogen. Sacramentarium Gelasianum heißt es in einem Ge=
bete, welches am Grabe gesprochen wurde, bevor der Leichnam in das=
selbe gebettet ward: Misericordia bonitatis tuae ad locum refrigerii et
quietis in sinum transferatur Abrahae — Durch das Erbarmen deiner
Güte möge er zum Ort der Erquickung und der Ruhe in den Schooß
Abrahams getragen werden [4]). Man vergleiche damit die oben (S. 13 ff.)
besprochenen Acclamationen, um sofort die große Aehnlichkeit der For=
meln zu finden. Statt des Ausdrucks sinus Abrahae oder s. patriar-
charum u. dgl. lesen wir in der Collectio am Feste des h. Simphorianus:
Abrahae patris gremio conlocentur — Sie (die Seelen der Verstorbenen)
mögen in den Schooß des Vaters Abraham gebracht werden [5]), — und
dieselbe Formel bietet eine Grabschrift des Cömeteriums des h. Felix in
Cimitile bei Nola: In gremio Abrahae cum pace quiescit [6]).

---

[1]) Ibid. col. 597. Dieselbe Fürbitte kehrt in der Missa martyrum fast wörtlich
wieder, col. 642 u. 653.

[2]) Ibid. col. 620; col. 629 (. . . eorum nos tibi, Domine, commendet
oratio, ut caris nostris, qui in Christo dormiunt, refrigeria aeterna concedas);
col. 637.

[3]) Martene, De antiquis ecclesiae ritibus, II, p. 1076.

[4]) Ed. Muratori, Opp. ed. Arezzo 1772, t. XIII, p. II, p. 420.

[5]) Muratori, Lit. Rom. vetus, II, p. 632 (im sogen. Missale Gothicum).

[6]) Corp. inscr. lat. X, n. 1370.

In dem S. 33 besprochenen Gebet, das in zwei Grabschriften römischer Cömeterien verflochten wurde, fanden wir die Bezeichnung arcessitio für die Aufnahme in das Jenseits, und wir konnten aus den Schriften des h. Cyprian zwei Parallelstellen anführen. Der gleiche Ausdruck kommt ebenfalls in zwei uralten Gebeten vor, von denen das eine im Sacramentarium Gelasianum[1]), das andere im Sacramentarium Gallicanum[2]) erhalten ist.

Die Bitte, daß der Verstorbene mit den Engeln und den Heiligen die Freuden des Himmels und den ewigen Frieden genieße möge (oben S. 19), kehrt in den verschiedensten Wendungen in den liturgischen Gebeten wieder. Nur eine Parallelstelle sei hier hervorgehoben. Das Epitaph des Archidiakons Sabinus in San Lorenzo bei Rom schließt mit der Bitte: Sabinum Levitam angelicis nunc quoque iunge choris. Und in gleicher Weise endet ein Gebet des Sacramentarium Gregorianum, welches beim Hinscheiden eines Gläubigen gesprochen wurde: Sicut heic eum vera fides iunxit fidelium turmis, ita eum illic tua miseratio societ angelicis choris — Wie ihn hienieden der wahre Glaube der Schaar der Gläubigen verband, so möge ihn im Jenseits dein Erbarmen den Chören der Engel zugesellen[3]).

Diese Beispiele mögen für unsern Zweck genügen als Beleuchtung des engen Zusammenhanges zwischen den ältesten liturgischen Gebeten für die Verstorbenen und den Acclamationen der altchristlichen Epitaphien. Es geht daraus hervor, ein wie kostbares Material die Grabschriften liefern für das textkritische Studium der Gebetsformulare unserer ältesten liturgischen Sammlungen. Nicht nur in den Acclamationen, auch in zahlreichen andern Wendungen und Ausdrücken der Epitaphien finden sich Parallelen zu jenen Gebeten. Eine eingehende Untersuchung, die höchst wünschenswerth wäre, müßte deshalb den vollen Text der Grabschriften und dazu noch die Darstellungen der altchristlichen Malereien in den Grabkammern und der Sculpturen auf den Sarkophagen in Betracht ziehen: eine Aufgabe, welche an dieser Stelle nicht unternommen werden kann. Es bleibt uns noch übrig, den Zusammenhang zwischen den Acclamationen und der kirchlichen Lehre von der Gemeinschaft der Heiligen kurz zu erörtern.

---

[1]) Te, Domine sancte . . . supplices deprecamur pro spiritu famuli tui, quem ab originibus huius saeculi ad te arcessire praecepisti. Ed. Muratori, Opp. ed. cit. XIII, p. II, p. 419.

[2]) Te, Domine sancte . . . deprecamur pro anima cari nostri, quem ab hoc saeculo arcessiri iussisti. Ed. Muratori, Lit. Rom. II, p. 952.

[3]) Ed. Muratori, Opp. ed. cit. XIII, p. II, p. 835.

V. Die altchriftlichen Acclamationen und die Lehre von der Gemeinschaft der Heiligen.

Die verschiedenen Arten der Fürbitte für die Verstorbenen und die dieser entsprechende Anrufung der abgeschiedenen Seelen um ihre Inter= cession, wie wir sie in den altchriftlichen Acclamationen kennen lernten, beruhen auf der kirchlichen Lehre von der Gemeinschaft der Heiligen. Denn es ergeben sich als Grundlage der Glaubensanschauung, welche in unsern Zurufen und Gebetsformeln ihren Ausdruck findet, von selbst folgende Sätze:

1. Alle Glieder des Reiches Gottes, ob sie auf der Erde leben oder bereits in das jenseitige Leben eingegangen sind, stehen in einem innern, innigen Verhältniß, das sie mit einander vereinigt und dessen letztes Band in Christus liegt, durch den alle mit Gott verbunden sind. Es ist die Auffassung der Kirche als des mystischen Leibes, dessen Haupt Christus und dessen Glieder alle Gläubigen sind, welche schon von Ter= tullian dargelegt wird [1]).

2. In Folge dieser Verbindung können die verdienstlichen Werke, hier näherhin das Gebet, des Einen den übrigen Gläubigen zu Gute kommen. Deßhalb können die auf der Erde lebenden Glieder der Kirche nicht nur für einander, sondern auch für ihre verstorbenen Glaubens= brüder beten und Gottes Schutz und Hülfe für sie erflehen. Ebenso können die Seelen der Verstorbenen für die Gläubigen auf der Erde durch ihre Fürbitten Gnade von Gott erflehen; deßhalb werden sie von ihren Angehörigen in den Grabschriften um ihr Gebet ersucht.

3. In besonderer und vorzüglicher Weise können die Engel und die Heiligen als die erhabensten Glieder der Kirche, als die auserwählten Freunde Christi, welche zum vollen Genusse der Gemeinschaft Gottes eingegangen sind, den Gläubigen durch ihre Fürbitte sich nützlich er= weisen. Darum werden sie auch von den Angehörigen der Verstorbenen um ihre Intercession zu Gunsten der abgeschiedenen Seelen angerufen.

4. Die Christen der ersten Jahrhunderte waren fest überzeugt, daß sie durch ihr Gebet den Verstorbenen wirklich nützen konnten und daß auch die Fürbitte der letztern bei Gott den auf Erden lebenden Glau= bensbrüdern thatsächlich Gottes Hülfe verschaffen konnte. Es war nicht ein bloßer Ausdruck des Gefühls, des Gemüthes, das eine Befriedigung in dem Gedanken gefunden hätte, mit den verstorbenen geliebten Per=

---

[1]) Tertullian, de poenitentia, c. 10.

sonen in Verbindung zu bleiben; es war eine auf dem christlichen Glauben beruhende Ueberzeugung des Verstandes, welche die Gläubigen veranlaßte zu jenen Aeußerungen der Gemeinschaft, in der sie unter einander verbunden waren. Nur so und nicht anders lassen sich jene Aeußerungen verstehen.

Es ist unnöthig, im einzelnen diese Sätze aus dem Inhalt und dem Charakter der altchristlichen Acclamationen nachzuweisen. Die letztern können gar keinen andern Entstehungsgrund haben, als die kurz angeführte kirchliche Lehre. Denn wie wären die Gläubigen überhaupt auf den Gedanken gekommen, für ihre Verstorbenen zu beten, wenn sie nicht überzeugt gewesen wären, mit diesen in einer solchen Verbindung zu stehen, daß die Fürbitte für sie ihnen thatsächlich zu gute kommen werde? Und wie wäre es einem Christen eingefallen, einen Martyrer oder einen andern Verstorbenen um seine Intercession für sich oder für andere anzurufen, wenn er nicht geglaubt hätte, daß jene ihre Fürbitten wirklich Gott vorbringen und dadurch Gnaden erflehen könnten? Die Thatsache allein, daß die Acclamationen und Gebete in ihren verschiedenen Formen in der christlichen Epigraphik aufkamen, beweist, daß die ersten Christen jene Lehre von der Gemeinschaft der Heiligen als Glaubenslehre des Christenthums kannten und festhielten[1]). Eine bloße aufmerksame Lectüre der oben besprochenen Acclamationen und Gebete läßt im einzelnen erkennen, daß die aufgestellten Sätze denselben thatsächlich zu Grunde liegen.

Eine nothwendige Voraussetzung für das Aufkommen der Acclamationen in dem Texte der ältesten christlichen Grabschriften ist ferner die Annahme, daß die abgeschiedenen Seelen sich in einem Zustande befinden oder befinden können, in welchem ihnen, durch das Gebet der Gläubigen und die Fürbitte der Martyrer, von Gott Hülfe und Erquickung gewährt werden kann. Die in den Acclamationen enthaltenen Bitten beziehen sich nämlich nicht bloß auf den Augenblick des Todes. Gerade der Umstand, daß dieselben in die Epitaphien verflochten wurden, beweist, daß diese Fürbitten auch in der Folgezeit wiederholt werden sollten (s. oben S. 50 ff.). In der Grabschrift der Agape heißt es ganz allgemein, daß die Brüder, wenn sie zum Gebete in den Cömeterien sich versammelten, der Verstorbenen eingedenk sein mögen (S. 51). Und die

---

[1]) Nur eine völlige Unkenntniß der Monumente der ersten Jahrhunderte konnte Dryander veranlassen, zu schreiben: „Das Martyrgrab war der Altar, um den betend und feiernd die Gemeinde sich schaarte. Nicht daß man den Geschiedenen um seine Fürbitte angerufen hätte, wie wir's droben in St. Peter gesehen; man betet vielmehr für seine Seele" (Ein Besuch in den römischen Katakomben, in „Deutsch-evangelische Blätter" von Beyschlag und Wolters, I, S. 84). — Die oben, S. 37 ff., angeführten Acclamationen widerlegen von selbst diese Behauptung.

jährliche Gedächtnißfeier der Anniversarien, bei welchen der Priester im Gebete der Verstorbenen gedachte, beweist, daß nach der Auffassung der altchristlichen Kirche auch lange Zeit nach dem Tode die Fürbitte den abgeschiedenen Seelen Nutzen bringen konnte. Wenn nun einzelne kirch= liche Schriftsteller annahmen, daß die definitive Seligkeit für die Jünger Christi — mit Ausnahme der heiligen Blutzeugen — erst am Ende der Zeiten eintrete, so folgt daraus, daß sie sich die Seelen der Verstorbenen bis dahin in einem vorübergehenden Zustande im Jenseits dachten, der bestimmt war, ein Ende zu nehmen. Und auch in diesem Zustande konnte ihnen das Gebet der auf Erden lebenden Glaubensbrüder zu Gute kommen und wenigstens für deren Aufnahme in die definitive Seligkeit von Nutzen sein. Die speculativen Ansichten der kirchlichen Schriftsteller des zweiten und dritten Jahrhunderts über diese Fragen gehen ausein= ander [1]). Unsere Acclamationen, in welchen der allgemeine kirchliche Glaube zum Ausdruck gelangt, berücksichtigen diese theologischen Fragen nicht weiter; sie beruhen auf der einfachen gläubigen Annahme der Vor= aussetzung, daß den abgeschiedenen Seelen durch Gebet geholfen werden kann, und daß diese somit sich in einem Zustande befinden, in welchem dieses möglich ist. Und weiteres hat auch das unfehlbare kirchliche Lehr= amt auf dem Concil von Trient nicht ausgesprochen. Das in der XXV. Sitzung verkündete Decret über das Fegefeuer lautet in seinem dogmatischen Theil: „Die katholische Kirche, vom h. Geiste unterrichtet, lehrt nach der h. Schrift und der alten Ueberlieferung der Väter, und neuestens in dieser ökumenischen Synode, daß es einen Reinigungsort gebe, und daß die dort zurückgehaltenen Seelen durch die Gebete der Gläubigen, vorzüglich aber durch das gottgefällige Opfer des Altars, unterstützt werden können" [2]). Das ist im Grunde nichts anderes, als die Glaubensüberzeugung der ersten Christen, auf welcher die Accla= mationen und Gebetsformeln der Epitaphien erwachsen sind.

Was den letztern noch einen besondern Werth verleiht, ist das hohe Alter, das die epigraphischen Monumente beanspruchen, welche sie uns bewahrt haben. Die ersten schriftlichen Zeugnisse, welche die Für= bitte für die Verstorbenen klar andeuten, gehören dem Ausgange des zweiten und dem Anfange des dritten Jahrhunderts an [3]). Tertullian, Clemens von Alexandrien und Origenes sind nämlich die ältesten kirchlichen Schriftsteller,

---

[1]) Dieselben sind in trefflicher Weise dargestellt in dem schon citirten Werk von Al tz = berger, Geschichte der christlichen Eschatologie innerhalb der vornicänischen Zeit. Freiburg i. B. 1896.

[2]) Concilium Tridentinum, Sessio XXV. Decretum de Purgatorio.

[3]) Vgl. Schwane, Dogmengeschichte der vornicänischen Zeit. 2. Aufl. S. 389 ff. Probst, Lehre und Gebet in den drei ersten christlichen Jahrhunderten. S. 334 ff.

in deren Werken gelegentlich die Rede ist von der Hülfe, welche durch
das Gebet der Gläubigen den abgeschiedenen Seelen gebracht werden
kann. Eine ganze Anzahl unserer Monumente, welche aus römischen
Katakomben stammen, reichen bis in die Mitte und sogar in die erste
Hälfte des zweiten Jahrhunderts hinauf. Besonders die älteste In=
schriftenfamilie der Priscilla=Katakombe, welche uns mehrere Beispiele
von Zurufen an die Verstorbenen aufbewahrt hat, wird durch das über=
einstimmende Zeugniß der historischen Quellen, der Architektur der Ka=
takombe, des Stiles der Malereien und der Gesetze der Epigraphik ohne
jeden Zweifel der ersten Hälfte und der Mitte des zweiten Jahrhunderts
zugewiesen. Daß aber auch jene uralten Acclamationen einen wirklichen
Gebetscharakter haben, geht aus dem oben (S. 46 ff.) Gesagten mit voller
Sicherheit hervor. Die erwähnten kirchlichen Schriftsteller haben also
die Lehre von der Gemeinschaft der Heiligen, welche dem Gebrauche des
Fürbittgebetes in der Kirche zu Grunde liegt, nicht erst geschaffen; die=
selbe ist bedeutend älter als jene Zeugen, da römische Monumente aus
der ersten Hälfte des zweiten Jahrhunderts sie bereits voraussetzen.
Uebrigens läßt ein eingehenderes Studium der Zeugnisse, welche die
Schriftsteller der drei ersten Jahrhunderte über jene Lehre und die darauf
beruhende kirchliche Praxis enthalten, klar erkennen, daß jene von dem
allgemeinen Glauben an die Wirksamkeit der Fürbitte und an die Kraft
der Intercession der Martyrer ausgehen, denselben als Argument ge=
brauchen oder in speculativer Weise in ein System einzufügen suchen,
nicht aber jene Anschauung selbst erst zu ermitteln bestrebt sind.

Die Acclamationen und die denselben gleichzeitigen und inhaltlich
entsprechenden Gebetsformeln gehören wesentlich der vorconstantinischen
Zeit an. Für Rom ist es eine ausnahmslose Regel, daß die Inschriften,
welche solche aufweisen, vor der Mitte des vierten Jahrhunderts ent=
standen sind. In folgenden Worten legte de Rossi im Jahre 1867 seine
diesbezügliche Anschauung nieder: „Aehnliche Anrufungen kommen vor
auf griechischen wie auf lateinischen Grabschriften, immer jedoch in den
unterirdischen Grabstätten, niemals auf oberirdischen, immer in Grab=
schriften ohne Datum, niemals auf jenen sehr zahlreichen Monumenten,
welche durch positive Datumsangaben dem vierten und den folgenden Jahr=
hunderten zugewiesen werden. Daher ist es klar, daß diese Anrufungen und
Bitten, welche zu den acclamatorischen Formeln gehören, dem epi=
graphischen Stile der Periode vor der Friedensepoche der Kirche ange=
hören“[1]. Und dieselben Worte konnte der große römische Archäologe
im Jahre 1890 wiederholen; ein mehr als fünfzigjähriges, eingehendes

---

[1] De Rossi, Roma sotterranea cristiana, II, p, 276.

74

Studium der chriſtlichen Monumente Roms hatte dieſen Satz vollauf
beſtätigt[1]). Die römiſchen Epitaphien, welche jene klaſſiſchen altchriſt=
lichen Zurufe und Gebete aufweiſen, ſind insgeſammt Zeugniſſe für die
Lehre von der Gemeinſchaft der Heiligen aus der vorconſtantiniſchen
Zeit. Und innerhalb dieſer Periode konnten wir feſtſetzen, welche For=
meln hauptſächlich dem zweiten Jahrhundert, welche dem Ausgange dieſes
und dem Beginne des folgenden Jahrhunderts, und welche wieder der
ſpätern Epoche bis in die conſtantiniſche Zeit angehörten. Von dieſer
Zeit an entwickelte ſich ein neuer epigraphiſcher Stil; und wenn wir in
der zweiten Hälfte des chriſtlichen Alterthums Gebete für die Verſtor=
benen auf den Epitaphien leſen, ſo haben dieſelben einen ganz andern
Charakter, als jene acclamatoriſchen Formeln der vorhergehenden Epoche,
wie wir im Laufe der Darſtellung an mehrern Beiſpielen nachgewieſen
haben.

In den Provinzen des römiſchen Reiches kommen einzelne der äl=
teſten acclamatoriſchen Formeln noch in der ſpätern Zeit vor. Allein
auch hier ändert ſich im Laufe des vierten und im Anfange des fünften
Jahrhunderts, ſpäter ſomit, als in Rom ſelbſt, der epigraphiſche Stil;
und in dem neuen Formular haben die Acclamationen keinen Platz mehr.
Die Inſchriften, welche inhaltlich und formell den älteſten römiſchen
Monumenten nahe ſtehen, gehören ebenfalls in die Zeit vor der Mitte
oder wenigſtens vor dem Ausgange des vierten Jahrhunderts. Und
gerade die Epitaphien, welche die Geſetze der chriſtlichen Epigraphik als
die älteſten außerhalb Roms gefundenen erweiſen, bieten ebenfalls Bei=
ſpiele der im klaſſiſchen chriſtlichen Stile verfaßten Anrufungen und Ge=
bete. Es ſei hingewieſen auf das Grabmal des Aberkios aus dem Ende
des zweiten Jahrhunderts (S. 50), auf die Inſchrift aus Autun aus
dem dritten Jahrhundert (S. 34), auf mehrere italieniſche, galliſche und
africaniſche Inſchriften aus dem dritten und vierten Jahrhundert, welche
Acclamationen enthalten, die zum großen Theile ähnliche Formeln wie
die älteſten römiſchen Grabſchriften darbieten. Die Anrufungen und
Gebete im altchriſtlichen Stil gehören ſomit auch außerhalb Roms we=
ſentlich der ältern Epoche der Epigraphik an; und auch hier bieten die
Gebete der ſpätern Zeit, welche im fünften Jahrhundert und den fol=
genden auf den Monumenten erſcheinen, von jenen völlig verſchiedene
Formeln dar, obwohl ſie, hier wie in Rom, inhaltlich die natürliche
Fortſetzung derſelben bilden.

Aus den angeführten Beiſpielen erſehen wir, daß in allen Theilen
des Römerreiches, aus welchen epigraphiſche Monumente und ſchriftliche

[1]) De Rossi, Bullettino, 1890, p. 144 s.

Zeugnisse des zweiten und beginnenden dritten Jahrhunderts erhalten sind, dieselbe religiöse Anschauung und die gleiche Praxis in Bezug auf die Fürbitte für die Verstorbenen bestand. Für Rom legen die ältesten Epitaphien das klarste Zeugniß ab; für den Orient sprechen die Aber=kios=Inschrift[1]) und andere Epitaphien des dritten Jahrhunderts; für Alexandrien haben wir die Ausführungen des großen Origenes über die Verehrung der Heiligen und Martyrer und über die Wirk=samkeit ihrer Intercession[2]); in Africa bietet Tertullian mehrere, an verschiedenen Stellen dieser Schrift angezogene Zeugnisse; und den gallischen Provinzen gehört die Pektorius=Inschrift von Autun nebst einzelnen andern epigraphischen Monumenten des dritten Jahrhunderts an. Sobald wir also hierher gehörige monumentale oder schriftliche Quellen besitzen, und die erstern haben sich in der Untersuchung als die zahlreichsten und die werthvollsten erwiesen, ergibt sich die volle Ueber=einstimmung in den verschiedensten Gegenden bezüglich der religiösen An=schauung über die Beziehungen zwischen den lebenden und verstorbenen Gliedern der Kirche, mit andern Worten über die „Gemeinschaft der Heiligen"[3]). Und diese Uebereinstimmung können wir in positiver Weise constatiren für weit auseinanderliegende Provinzen des Reiches seit dem Ausgange des zweiten Jahrhunderts. Daraus geht mit Bestimmtheit hervor, daß jene Glaubensüberzeugung von den ältesten Zeiten an Ge=meingut der ganzen Kirche war. Dafür sprechen in erster Linie die An=rufungen und Gebete der Grabschriften, welche ja aus den im christ=lichen Volke verbreiteten religiösen Anschauungen herausgewachsen sind.

Dies führt uns zur Frage nach der gemeinsamen Quelle der re=ligiösen Anschauungen, welche den altchristlichen Acclamationen und den damit zusammenhängenden Gebetsformeln der Inschriften zu Grunde liegt. Aus dem Hellenismus können dieselben sich nicht entwickelt haben; denn nirgends finden wir bei Griechen oder Römern Ansichten über das Leben im Jenseits und auf solchen beruhende religiöse Gebräuche, welche irgendwie die in unsern Acclamationen sich äußernden christlichen An=schauungen beeinflußt haben könnten. Die ganze pagane Auffassung des Manencultes und die wenigen Beispiele von Anrufungen der Götter der Unterwelt, welche wir auf sepulcralen Monumenten lesen, sind so grund=verschieden von dem christlichen Glauben über die ewige Seligkeit und über das Verhältniß, in welchem die auf Erden lebenden Gläubigen zu

---

[1]) Vergl. Kaufmann, die Legende der Aberkiosstele im Lichte urchristlicher Escha=tologie. Katholit, 1897, und separat. — [2]) S. Atzberger, Eschatologie, S. 426 f.
[3]) Nach Schwane, Dogmengeschichte der vornicän. Zeit, S. 389, findet sich der Ausdruck „communio sanctorum" in den Formeln des Apostolischen Symbolums zuerst im fünften Jahrhundert.

ihren verstorbenen Glaubensbrüdern stehen, daß eine directe oder indi=
recte Ableitung des letztern aus ersterer von vornherein ausgeschlossen
werden muß.

Auch die jüdische Eschatologie reicht nicht aus zur Erklärung des
Ursprungs der christlichen Lehre von der Gemeinschaft der Heiligen.
Wohl kannte das Judenthum die Unsterblichkeit der Seele; aber die
Schilderungen des Scheol und die Auffassung der Beziehungen zu den
dort in einem wenig tröstlichen Zustand weilenden Verstorbenen sind
völlig andere, als die christliche Glaubenslehre über den Himmel und
die Verbindung zwischen den Gliedern der Kirche.

Die theologische Speculation des zweiten Jahrhunderts konnte eben=
falls nicht jene Lehrsätze erst entwickeln und durch die Verkündigung
derselben zum Gemeingute des christlichen Volkes machen. Wohl wurde
von den Schriftstellern jener Zeit der Glaubenssatz von der Auferstehung
der Todten in apologetischem Sinne häufig behandelt. Allein weiter
ging die Untersuchung nicht; andere eschatologische Fragen wurden erst
durch Clemens von Alexandrien und besonders durch Origenes in die
wissenschaftlich=speculative Untersuchung gezogen. Die kurzen Andeutungen
einzelner Apologeten des zweiten Jahrhunderts und besonders die wich=
tigen Stellen in Tertullian's Schriften bezeugen bloß den Glauben an
die Gemeinschaft der Heiligen und die darauf beruhende kirchliche Praxis,
sie begründen denselben nicht. Und die diesen Schriftstellern gleich=
zeitigen Monumente Roms, welche zum Theile älter sind als Origenes,
setzen denselben kirchlichen Glauben, welcher den acclamatorischen Gebeten
und Anrufungen zu Grunde liegt, als Gemeingut des christlichen Volkes
voraus. Derselbe kann also nicht erst durch wissenschaftliche Speculation
erzeugt worden sein.

Es bleibt darum bloß eine Quelle übrig, welche allseitig den Ur=
sprung jenes altchristlichen Gebrauches erklärt; das ist die kirchliche
Tradition. Von den Aposteln und ihren Schülern waren die Gläu=
bigen belehrt worden, daß durch Fürbitten der Gläubigen den Seelen
im Jenseits Hülfe und Trost von Gott erwirkt werden konnte, und daß
auch die abgeschiedenen Seelen ihrerseits den christlichen Glaubens=
brüdern auf Erden Gottes Gnaden durch ihre Intercession erflehen
konnten. Darum bitten auf Grabschriften des zweiten Jahrhunderts be=
reits die Verstorbenen um das Gebet ihrer Angehörigen; aus diesem
Grunde wünschen die Verfasser der Epitaphien in jenen innigen Accla=
mationen den abgeschiedenen Seelen Frieden und Erquickung. Von dieser
Grundlage aus entwickelte sich von selbst die kirchliche Praxis, das
eucharistische Opfer für die Seelenruhe der Todten zu feiern. Und
wiederum erklärt jene Glaubensüberzeugung des christlichen Gemüthes

den uralten Gebrauch, die im Jenseits weilenden Glieder der Kirche um
ihre Intercession anzurufen. Bei der hohen Auffassung vom Verdienste
des Martyriums, welche der gegen Ende dieses Jahrhunderts bezeugten
regelmäßigen Gedächtnißfeier der Blutzeugen einen besondern Charakter
verlieh [1]), war es selbstverständlich, daß die Gläubigen vor allem die
Fürbitte der Martyrer, der besondern Freunde Gottes, anriefen. So
erklärt sich, wie wir im dritten Jahrhundert bereits mehrere Beispiele
von Inschriften finden, auf welchen die Martyrer um ihre Intercession
bei Gott zu Gunsten der Verstorbenen angerufen werden. Die Verehrung
der Heiligen und Martyrer, welche sich im christlichen Volke immer
mehr entwickelte und auf die Geschichte des Cultus und der kirchlichen
Kunst einen so großen Einfluß ausübte, beruht auf jener, von der
apostolischen Ueberlieferung stammenden Glaubensanschauung über die
innere Verbindung aller Glieder der Kirche, der auf Erden lebenden und
der bereits im Jenseits weilenden Gläubigen, und auf der hohen Werthschätzung des christlichen Zeugentodes, indem die Martyrer, kraft der
Verdienste ihres glorreichen Todes, in besonderer Weise ihre Fürbitte
für die Gläubigen Gott vorbringen konnten [2]).

So ist die apostolische Ueberlieferung bezüglich der Lehre von der
Gemeinschaft der Heiligen thatsächlich die einzige adäquate Erklärung
für die in der vorliegenden Schrift besprochenen monumentalen Zeugnisse über die Fürbitten und Anrufungen zu Gunsten der Verstorbenen
und die Intercession der abgeschiedenen Seelen für ihre hienieden zurück-
gelassenen Glaubensbrüder. Jene innigen, aus der Tiefe des christlichen
Gemüthes unserer Väter der ersten Jahrhunderte in ganz spontaner Weise

---

[1]) Der Unterschied in der Gedächtnißfeier der Martyrer und der andern Verstorbenen
ist prägnant ausgedrückt in einem sehr alten Meßgebete, worin es heißt: Sanctorum nos
gloriosa merita ne in poena(m) veniamus excusent; defunctorum fidelium animae,
quae beatitudinem gaudent, nobis opitulentur; quae consolatione indigent ecclesiae precibus absolvantur. — Die glorreichen Verdienste der Heiligen mögen uns ent-
schuldigen, damit wir nicht der Strafe verfallen; die Seelen der abgeschiedenen Gläubigen,
welche sich der Seligkeit erfreuen, mögen uns helfen; diejenigen, welche des Trostes be-
dürfen, mögen durch das Gebet der Kirche freigesprochen werden. — M o n e, Lateinische
und griechische Messen, S. 22; vgl. de R o s s i, Bullettino, 1875, p. 21.

[2]) In ganz einseitiger und darum falscher Weise behandelt H a r n a c k diese Frage
in seiner Dogmengeschichte, II, 3. Aufl., S. 446 ff. Er beurtheilt die Heiligenverehrung
als eine „Legitimirung des Heidnischen" in der Kirche hauptsächlich nach der häufig von
abergläubischen Gebräuchen und verschiedenen Excessen begleiteten äußern Verehrung der
Heiligen, wie wir sie in christlichen Volkskreisen im vierten und fünften Jahrhundert vorfinden, wobei die kirchlichen Lehrer nicht unterließen, gegen die Mißbräuche aufzutreten.
Auf die dogmatische, richtige kirchliche Grundlage und auf die Entwicklung der berechtigten
religiösen Gebräuche bezüglich der Verehrung der Heiligen und deren Zusammenhang mit
der altkirchlichen Tradition geht er nicht ein.

entsproßten Wünsche, Gebete und Anrufungen, welche sie auf die Grab=
stätten theuerer Verstorbenen schrieben, sind für uns eine unschätzbare
Quelle, in welcher wir in ganz unmittelbarer Weise deren religiöses
Denken und Fühlen kennen lernen. Und so werden dieselben zugleich
eine wichtige Erkenntnißquelle für die kirchliche Ueberlieferung und die
Entwickelung der in derselben enthaltenen und vermittelten Glaubens=
lehren der Urkirche.

Inhalts-Verzeichniß.